萬能筆記法

日本 NO.1 筆記本公司
KOKUYO 最強「動手思考術」

下地寬也

林函鼎 譯

考える人のメモの技術
手を動かして答えを出す「万能の問題解決術」

在這個沒有標準答案的時代，
筆記將成為你的最佳利器。

前言

「如何才能成為一個有自我思考能力的人？」

這就是本書想要探討的主題。

這像是一個會出現在ＭＢＡ[1]邏輯思考課程中的概念，雖然你必須自己找出答案，但實際上卻沒有標準解答。究竟如何才稱得上擁有自我思考能力？

「不斷思考的結果，還是只能得出跟大多數人差不多的答案。」很多人會有這樣的感覺。

尤其在變化速度不斷加快的現代社會，想要成為跟上時代的商務人士，必須不斷精進自己的技能，最近也有許多「技能更新」（RE-SKILLNG）以及「社會大學」（RECURRENT）的相關話題引起討論。

越來越多的人認為：只有靠自己，才能開創自己的職業生涯。

我們身處這樣的時代，如何將資訊透過邏輯性的思考加以運用，就成為重要的一門學問。

但我覺得還有更加重要的事情不容忽視。

那就是面對人生問題的時候，在我們運用經驗與知識應對的同時，**也要將自己的感受與新發現進行更深入的思考，並用原創性的視角得出只屬於自己的答案。**

有能力自己找出答案的人，不僅更容易被信賴，也具備領袖的特質，最終得以在工作中不斷加速成長，人生也會變得更加順遂。

「這些理論很好懂，但是跟筆記術又有什麼關係？」

或許會有人提出這樣的疑問。

其實，想提升工作的創造性，最有效的方式就是掌握「為思考而生的筆

1 Master of Business Administration，工商管理學碩士學程。

記」這項技能。

我在KOKUYO這間日本最大的筆記本公司工作了三十年，KOKUYO這間公司真的有許多人十分擅長記錄與整理筆記。不僅在文具方面獨樹一幟，辦公家具領域也有許多人在用心實踐自我的工作風格，我們這家公司能為顧客提供工作經驗，並為環境作出貢獻。

我長年作為公司的工作風格顧問，以自己的經驗提出建議，為組織建立具有創造性的工作方式。

在「工作風格研究所」這個關於工作方式與環境創造的部門，身為所長的我，也是KOKUYO整間公司溝通戰略部門的負責人。

透過與日本具備代表性的創作者交流的過程中，我見證了許多社內、社外具有創造力的工作者，這樣的接觸也給了我很多寶貴的經驗。

最後，我從他們身上看見了一個共通點。

那就是：他們在思考的時候會一邊做筆記，一邊思考商品企劃、市場營銷，然後為顧客提出建議。

這是一本總結了筆記技巧、試圖將重點語言化，並為現場第一線工作者撰寫的工具書。

在這本書裡，我想告訴大家**對於沒有答案的問題，該如何運用筆記術，得到屬於自己的解答能力。**

簡單、有效率的寫筆記模式只適用於過去的思考框架，用來找出答案的筆記術不能被僵化的模式所限制。

其原因是：陳舊的做法無法幫助我們獲得具有原創性的想法。

一談到筆記，很多人會認為只是用來提醒自己的備忘錄，但其實筆記隱藏著**讓人可以深入思考的巨大潛力。**

人類的思考不該僅限「語言」的使用，應該擴展到「用文字做筆記」的階段。

當你接觸到外界大量的資訊與事件，因而感到心煩意亂的時候——

「亂七八糟的到底是怎麼回事？」

此時只要用文字做記錄，思緒就會變得清晰。

然後在做筆記的過程中，就會發現「啊，原來這就是罪魁禍首！」

用語言將頭腦中模糊的想法記錄下來。

接著再從筆記中的文字，進行更深入的思考。

只要反覆進行這樣的動作，就能不斷鍛鍊自己用頭腦思考的能力。

說句不好聽的話，很多人會覺得把事情一件件做成筆記很麻煩，遇到事情只想用直覺來作出反應。

然而筆記術這門學問，乍看之下可能會覺得麻煩，但透過筆記來磨練對於資訊的敏感度，的確能有效提升自己的說話能力與行動速度。

你不僅可以和身邊的人更好地交流。

困難的工作也不再成為阻礙。

最終帶給你的，將是富裕快樂的工作與生活。

再次聲明，這本書想表達的是：運用筆記來掌握更多的資訊，不要再被僵固的規則限制自己思考答案的能力。

優秀人士的特質就是：靈感會一個接著一個不斷湧現。若將這些人的腦袋打開，把內容整理成筆記，就能把他們的工作方法具體化成我們學習的目標，這也是本書想要傳授給大家的筆記術。

如果這本書能讓大家感受到寫筆記的樂趣，進而幫助你找到輸出原創發想的思考方向，那麼我會由衷地感到高興。

目次

序章

運用筆記，成為一個有思考能力的人

為何這個時代筆記變得越來越重要？

為了得到屬於自己的想法而做筆記

「動動自己的腦子吧！」

「要有原創性啊！」

「自己的職業生涯要用自己的雙手開創！」

我們身在一個需要擁有自己想法的時代，這與過去有著極大的不同。思考的方法以及整理訊息的技術，有多不勝數的技巧存在。但如果不能跳脫傳統的思考框架，最終也只能得出跟多數人相同的答案。

「這是你思考過後，得出來的答案嗎？」

當你被這樣質問的時候，請拿出自信大聲地說：

「是的！我是靠自己的大腦找到答案的。」

這樣回答準沒錯。

現實中有許多人被問到「未來會如何發展？今後該怎麼辦？」時，就搬出新聞上看到的名人採訪來現學現賣。

而在會議上被要求提出有創意的提案時，也會拿多數同事的意見來當擋箭牌。

即便事關自己的職業生涯與未來發展，遇到問題時，腦中還是只會浮現雜誌上讀到的資深工作者分享的跳槽經驗與勵志故事……

「到底有沒有經過大腦思考？還是只會人云亦云？」人生一定會遇到別人對我們抱持這種懷疑的時候。

那麼，如何才能找到屬於自己的原創發想，進而身體力行呢？

不能從固定的框架中去尋找，這只會得出與他人相同的答案，而**要從接收到的訊息中，通過自己的思考，再加上自己的價值觀去判斷，才能得出只屬於你自己的結論。**

最有效的做法就是透過筆記來執行。

很多人誤以為「筆記只是用來提醒自己重要事情的備忘錄」，其實筆記是用來激發「思考能力」的重要利器。

那些不擅長做筆記的人，恐怕常常面臨以下這樣的壓力吧？

「雖然知道筆記的重要性，但我**就是做不好**啊。」

「把覺得重要的事情都寫下來了，結果**完全派不上用場**。」

「翻開筆記本想開始思考，卻**不知道怎麼下筆**，浪費好多時間。」

「下定決心要做筆記，卻**無法養成習慣**。」

諸如此類的問題。

要養成用筆記來思考的習慣，需要一點小技巧。

因此，本書就是為了那些「想透過筆記來自己找出答案」的人寫的。

明明是只要動動手指、上網搜尋就能找到資訊的時代，為什麼還需要筆記的存在？

這個問題的答案就是：唯有將接收到的外界資訊，在大腦中與自己的思考進行結合，如此才能昇華成創意與發想。

換句話說，做筆記並不只是將接收到的外界情報記錄下來，同時也具備引發自己經驗與價值觀思考的功用。

筆記是促進「思考」的必要工具之一，透過這門技術不僅能改變自己，也能改變對世界的看法，說是能夠改變人類思考能力的可靠夥伴也不為過。

講到這種程度，可能會讓人覺得做筆記變成一件很困難的事情，其實只要掌握「不要人云亦云」、「提出自己看法」的大方向，並做到以下兩點，就能簡單上手：

第一，平時養成將**生活中發現的事情記錄下來**的習慣。

第二，做筆記時，**邊寫邊進行思考**。

這不只是我個人的獨門技巧，而是從許多成功人士的筆記中觀察得來的結論，或許做法多少會因人而異，但原理卻是相通的，這樣做的優點包括：

①平時養成將生活中發現的事情記錄下來的習慣

- 從數量龐大的情報中，找到自己覺得有用的資訊。
- 為了取捨情報，提高對資訊的敏感度，逐漸培養出「自我思考」的能力。

②做筆記時，邊寫邊進行思考

- 能夠得到具備原創性的發想。
- 讓自己能更積極地表達想法。
- 將寫在筆記上的東西互相結合，提高創造力。

只要將這兩項關於筆記的要點變成常態的習慣，就能大幅提升「自我思考的能力」。

說到底「思考」到底是怎麼一回事？

本書的目的在於解說筆記術的技巧，所以必須先說清楚，該如何定義

何謂思考？

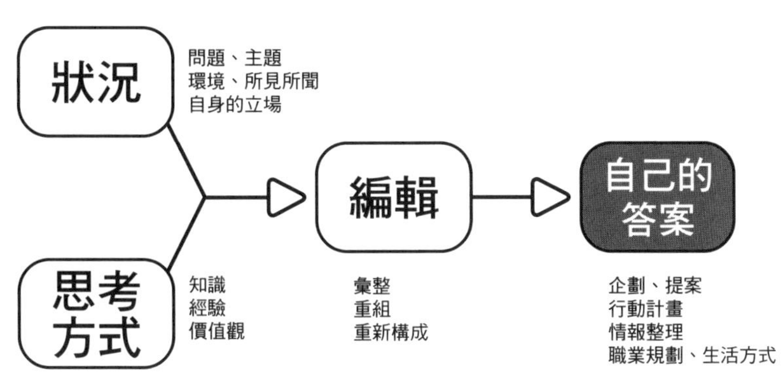

請將這個過程做成筆記，並進行思考

「思考」這個行為。

我們常聽到別人說「那個人做事不經大腦」，換成自己面對問題時，就會害怕「我真的有想清楚嗎？」因而陷入不安。

「思考」這檔事並不是從零開始、無中生有的行為。

而是在遇到「狀況」時，運用自己過去累積的知識、經驗、價值觀，把這些「思考要素」結合之後得出的資訊，再構築成完整的想法，換言之就是一種「編輯」成「自己的答案」的行為。

會思考的人能夠掌握局勢，

讓自己的思考內容可以隨著情況的改變而不斷更新，再將接受到的情報編輯成適合的應對方式。

相反的，不擅長思考的人面對狀況時會過分樂觀，想把自己的做法套到別人身上，還表現得理所當然。

有句話叫作「停止思考」。說的就是人應該要多動腦筋、多想一下，如果只憑直覺反應，而疏於探索不同的可能性，就挖掘不出更好的點子。

當你開始認真思考時，首先要注意「自己是不是被常識束縛而不知變通」，審視自己的「思考方式」（也就是圖示中左下方的要點），是否達到深入思考的標準，這種行為才能稱得上是真正的有在「思考」。

說起「思考」，很多人都會抱有製作企劃、提出建議的印象，但思考的行為不僅僅局限在商業行為這一領域。

- 思考要在工作上追求成就，還是從生活與工作中找到平衡。
- 思考要在現在的公司繼續工作，還是走上跳槽或創業的道路。

- 思考為了自己的職業生涯，該學習哪些新技能才能產生幫助。
- 思考為了孩子與家人，該如何分配自己的時間。

上面提到的這些問題，也都是自己必須好好思考的事情。

我想在這本書中，好好探討如何將思考的技巧，應用到人生的各個層面之中。

為什麼要說得這麼詳細，這是因為如果不了解**筆記對於深入思考的具體作用與幫助**，那不管講再多，大腦都很難對該好好做筆記這件事產生認同感。

「重要的是哪些事情？」
「哪些東西對你來說才是必要的？」
「判斷的標準是什麼？」
「自己有沒有漏掉的事情？」
「自己有沒有掌握事情的本質？」
「有沒有符合自己的價值觀？」

「該如何把這些要素結合起來？」

「做事的先後順序？」

一邊進行這樣的自問自答，一邊把腦中浮現的想法記錄下來，久而久之就能大幅提升自己的思考能力。

當聽到別人說話的時候，也不要只是單純把內容記錄下來。

「哪些內容是重要的資訊？」

「這對我來說有參考價值嗎？」

「這感覺邏輯似乎說不通？」

對於聽到的情報，通過大腦進行過濾，最後再做記錄，如此才能對自己的思考能力產生幫助。

自己究竟該考慮哪些事情？以及如何判斷重要與不重要？這樣說或許有點嚴格，但**無法寫出好的筆記，就是你不懂得思考的證明**，筆記需要你好好動腦才能寫得出來。

在《埃馬紐埃爾．托德的思考地圖》[2]一書中，作者埃馬紐埃爾．托德[3]提到：「思考就是透過動手做來進行的。」而筆記就是一種動手做的行為，不僅可以幫助我們進行試錯，為了好好寫筆記而開始思考，思考之後才能寫得出來，這就是我們今後要努力的方向。

正因為是AI時代，筆記才更顯得重要

今後我們將踏入數位化的時代，而且我認為，筆記也將會變得越來越重要。

理由是，在AI化與機械化之後，對於**人類的創造性與發想**的需求必會提高。

2 『エマニュエル・トッドの思考地図』（La Carte Intellectuelle d'Emmanuel Todd），筑摩書房，二〇二〇。

3 Emmanuel Todd，一九五一～，法國歷史學家、人類學家、人口學家、社會學家和政治學家，就職於巴黎國家人口研究所（INED），他的研究考察了世界各地不同的家庭結構及其與信仰、意識形態、政治制度和歷史事件的關係。

聽到「創造性」與「發想」或許會讓人覺得無比困難，但其實這都適用以下這些工作，並可完美套用：

- 制定有原創性的企劃與提案。
- 重新審視並改善行之有年的傳統做法。
- 表達自己的意見，在會議上突破困境。
- 在任務中發揮自己的領導作用。
- 挑戰公司內沒人敢接的新工作。
- 尋找新舞臺，對自己的職涯重新規劃。
- 在人生的分歧點上，描繪對於工作、生活、家庭的想像。

如何？雖然內容可大可小，但你是否開始對於思考的主題有頭緒了呢？

「都已經是數位時代了，不做筆記還是可以把事情做好吧？」可能仍然有人會堅持這樣的想法。

但是，要想提出成熟的想法，把自己思考的重點寫下來再進行重組，是必要的。

創造性這個概念，乍聽之下像在教你如何無中生有，但事實並非如此。將平時接收到的資訊融入自己的知識裡，對於眼前的問題，一邊寫下自己的見解，一邊找到「就是這個！」的關鍵點，這才是創造的過程。

為了做到這件事，筆記是不可或缺的關鍵。

ＡＩ對於我們的工作型態會帶來怎麼樣的改變？並能提升多少效率？至今為止都還有討論的餘地。

以現階段來說，ＡＩ只能將資訊進行邏輯性的整理，得到與大多數人相同的答案，無法產生差異性。

在資訊爆炸的時代，固定框架（規格化）下產生的想法沒有提出的價值，面試的時候，一般企業也不會錄用只會回答標準答案的學生。

展現自我的獨特部分，再加入與眾不同、具備「原創性」的發想，如此才能**創造出「只屬於你一個人的答案」**。

「這是我經過思考後得出的答案。」

或是：

「這才是我想做的事情。」

如此才能磨練出真正**連結信念的思考**。

筆記的本質就是為了找到「自我」而存在，同時這也是筆記的價值所在。

不擅長寫筆記的人所面對的三個難題

筆記是學校不曾教過的技術

前面說了這麼多，但要馬上掌握筆記術並不是一件簡單的事情，畢竟學校並不會教你做筆記的方法。

在學校時，老師只會要求你把黑板上的東西寫下來，方便在考試前讓你有可以背誦的東西來複習。

這樣的學生，有些人直到長大成人，也還在使用同樣的方法。

將這樣的習慣帶入職場之後，就會演變成「不管什麼總之都先記下來吧！」的狀況，但我認為這種做法只能用來應付考試而已。

想要在工作上取得脫穎而出的成果，就顯得效率太差了。

想要獲得能讓自己思考的筆記，就不能完全不經大腦地全部記錄下來。

對於自己接收到的情報先做篩選，再進行吸收，如此才能成為自己的一部分，並加以活用。

而當你開始想要活用筆記的時候，就會碰到以下三個難題：

問題①　該寫什麼好？

面對大量的情報，無法選擇該記錄哪些內容，即使看見重要的資訊，也會在不經意間錯過。

問題②　該如何下筆？

想把對自己有益的情報記錄下來，但不知道該不該一字不漏地寫下來，或是要不要加入個人的解釋。

問題③　該如何活用？

該如何運用情報才能轉變為成果，是否要參考其他人的想法，還是由自己作主？

會出現以上這些情形，是因為沒有掌握筆記的方法，所以在獲取情報時就像是用竹籠取水一般，漏洞百出，不得要領。

解決這三個難題的關鍵究竟是？

詳細的解釋會留到正式的章節再作說明，這邊我先簡單闡述一下應對方法。

問題①　該寫什麼好？↓掌握寫筆記的準則

第一次碰到未知的情報時，下意識都只會作出「哦～」的反應，過一段時間就忘得一乾二淨，最後變成「感覺好像聽過什麼有參考價值的內容」。

工作時的會議筆記和商務筆記通常都不會漏掉，但面對日常生活中的資訊時，很容易就會**陷入**不知道該寫什麼的狀態。

會發生這樣的狀況，都是因為沒有掌握「筆記的準則」所導致。

回想一下，對你來說有用或是有興趣的資訊是哪些內容，如果沒有自己的想法，就無法寫出具有參考價值的筆記。

雖然某些部分寫得很詳細，卻夾雜了太多不必要的內容，筆記就會變得雜亂不堪。

只要掌握寫「筆記的準則」，就能毫不猶豫地對情報進行篩選。

問題② 該如何下筆？↓進行條列式記錄，並附上自己的想法

雖然想把筆記變成能夠吸收的知識，成為自己的一部分再加以運用，但過一陣子之後就會把寫下來的東西忘光了。

會發生這種現象的原因是，你的筆記沒有屬於自己的內容，即使把得到的資訊一字一句寫得很仔細，也只是在複製其他人的東西罷了。若想找出哪些部分對你來說是重要的內容，就要透過條列式的筆記先抓出重點。

寫好之後，思考自己該如何解釋這條情報，並用一句話註記，如此一來，就能將情報變成自己的東西。

當你將情報化作知識吸收之後，才能夠在未來需要的時候活用。

問題③ 該如何活用？↓將現階段掌握的情報視覺化，從自己的視角整理問題，寫下具體的解決辦法

思考時如果有明確的主題，就不會讓自己的腦袋放空，跑出不知所云的回答。

- 思考企劃與提案的時候。
- 面臨職涯規劃而進行自我分析的時候。
- 為自己與家庭追尋幸福、思考人生方向的時候。

無論哪種情況，都能用筆記術中的技巧來引導出答案。

在紙上寫下思考的主題以及已知的前提條件，把掌握的情報全部寫下來，一邊看著文字，一邊用自己的觀點整理問題，逐步釐清事情的本質。

一旦發現問題的本質，就應該立即採取對策，尋找具體的解決方法，透過這樣的過程，就能得到屬於自己的答案（成果）。

只要按照這樣的方式寫筆記，就可以流暢地對資訊作篩選，也能讓你的思路變得更加清晰。

為求方便，我將**問題一**、**問題二**歸類在「吸收資訊」，**問題三**歸類在「成果展現」來進行說明。但我認為，最終還是必須要融會貫通，將三個要點一氣呵成地同步運用，如此才稱得上完美掌握了這門筆記術。

我從大量ＫＯＫＵＹＯ員工的筆記中學到的事情

明顯感到筆記的品質會左右成果的好壞

我在ＫＯＫＵＹＯ這間公司工作了三十年，ＫＯＫＵＹＯ作為日本第一的筆記本公司，每年會賣出超過一億本的筆記本，公司內也有許多人會用筆記本來進行筆記。

不過我算是一個例外，並不是一開始就是會寫筆記的人。

我不僅字寫得很醜，速度也很慢，甚至看到筆記本就會覺得害怕，因為與客戶商談完之後，把內容寫成筆記呈給主管過目時，常常被罵亂七八糟、不知所云。

我第一次切身感受到筆記的重要性，是在距今約二十年前的時候，二

○○○年，我被人事調動到KOKUYO研究工作方法的部門「辦公室研究所」（現改名為工作風格研究所）。

在那之前，我的工作是負責提供顧客商品建議、配貨以及交貨，但被調到研究所這個以「輸出知識成果」為主的部門以後，我開始對自己的知識淺薄感到震驚。

當我和身邊的同事說話時，例如「該如何調整之後的工作方式？」「科技發展會帶給辦公室以及工作用品何種改變？」這樣的話題，我完全插不上嘴。

就算有什麼想法，說出口之後也會變成毫無根據、無從舉例的無聊內容。

驚覺大事不妙的我，只能開始試著將所見所聞全部都先寫進筆記本裡再說。

國外的先進範例也好；

替我著想的前輩說過的話也罷；

在書本上讀到，可以引用的文章也沒關係；

如果出現讀不懂的名詞，也會先用「？」標記（說起來，這好像是最常被我寫成筆記的部分）。

在做筆記的過程中我發現到，對比寫筆記之前與之後，我的思考邏輯開始逐漸變得一致。

只要回顧筆記的內容，一邊寫一邊總結想法，思路就會變得清晰，也能好好把想說的話傳達出來。對於哪些是有用的情報，哪些是沒用的雜訊，也越來越有判斷的能力。

如果沒有做筆記的話，很容易被抽象的隻字片語（例如「動機很重要！」），或是主管最近常提到的一句話所影響，各種紛至沓來的東西會開始擾亂我們的思考，導致說出口的話變得支離破碎。

從此之後，我就養成了寫筆記的習慣，不過短短一年，我的工作成果就開始快速提升，有了飛躍般的質變。

我在會議上開始能快速掌握重點並精準發言，也能參與更多同事之間的對話，還能引用筆記的內容提出有用的建議。

後來我還在ＫＯＫＵＹＯ主辦的顧客發表會上，擔任彙整結論的工作，最後甚至開始負責向所有研討會的講者提出建議，成為把關內容的關鍵角色。

隨著發布資訊的機會增加，我也開始提筆寫作商業相關著作（本書是我的第十本作品），我認為書本也是一種成果發表的形式，想要在一本書中寫出完整的結論，養成寫筆記的習慣是非常重要且有用的。

商業書籍統整了作者認為的重要技巧與要領，凝鍊了作者的經驗與實績，雖然多數人只會關心技巧與要領，但我認為，真正重要的東西反而是作者的真實經歷，而這些事例的積累，也唯有養成寫筆記的習慣才能如實地記錄下來。

有思考能力的人都是筆記狂魔，但筆記狂魔卻不一定有思考能力

只是，當時的我還沒能理解寫筆記的真正意義。

有一天，我收到了「以寫筆記的技巧為主題寫一本書」的邀稿，但我沒有自信寫出系統性的內容，因此想要拒絕。

某種程度上，我對於寫筆記這件事有自己的講究，但我還無法將它轉化成文字並精準表達，很多時候，我只是憑著「隨便都好，總之先寫下來吧！」的感覺在寫筆記的。

如果是這種水準的內容，我自覺對不起對方的報價，光靠自己的經驗是不夠的。除非我能把KOKUYO員工的筆記都總結起來，這樣的品質或許才夠資格出書。

當時，介紹ACTUS[4]室內裝飾家具員工們的家《123人的家》[5]一書賣得很好（ACTUS也屬於KOKUYO集團）。

無獨有偶，另一本彙集日本第一筆記本公司ＫＯＫＵＹＯ員工的筆記方法、介紹筆記術的書《ＫＯＫＵＹＯ的簡單筆記術》[6]也於二〇一六年出版。

這本書是從ＫＯＫＵＹＯ集團裡挑選出一百名員工，並詳細彙整了他們的筆記精華與技巧。

我起初感到相當懷疑，「雖說是ＫＯＫＵＹＯ的員工，但筆記術真的有這麼多東西好寫嗎？」於是就向公司借來一看，沒想到內容竟有非常多的經驗分享，著實讓我嚇了一大跳。

關於這本書我曾天真地認為，像是「把日期與標題寫在右上」、「圍繞關鍵字展開」等內容，「每一條都是理所當然又簡單的道理」。

只是，當我開始逐漸理解作者的意圖與目標後，不由得產生了「原來如此，果然這樣做比較好」的感受。

此後，我只要發現有人做了一些有趣的筆記，就會纏著對方追問：「請問你是怎麼做筆記的？」

多數人會馬上回答：「也沒有什麼特別的地方。」但思考了一下之後，還是能夠提出具有參考價值的說明。換句話說，當**你無意識地寫下筆記的時候，就已經具備了獨到之處**。

像這樣運用筆記術記下各種情報、在職場上具備觀察能力的人，最後都成為了筆記狂魔。

不過認真埋頭寫筆記的人，也不一定就擅長工作，當然也不一定是個思慮周全的人，

這就是最有趣的地方。

正如同有工作能力的人基本上都是讀書人，但讀很多書的人不一定有好的工作能力。

無論是寫筆記還是讀書，之所以需要提升我們的思考能力，都是為了

4　日本知名家居雜貨品牌。
5　『123人の家』，日販アイ・ピー・エス，二〇一二（vol.1）、二〇一七（vol.2）。
6　『たった1分ですっきりまとまるコクヨのシンプルノート術』，KADOKAWA，二〇一六。

成為一個有工作能力的人，**最重要的是能夠將學習到的知識轉換成工作上的成果。**

本書介紹的筆記術，就是用來將「輸入」化為「輸出」的變換裝置。我對團隊中的後輩、成員以及前來諮詢的人，都會提出運用筆記來增進創意的建議（包含舉辦各種研討會，結果還挺受歡迎的）。

很多人只是把筆記的內容寫成流水帳，完全沒有掌握到重點，或是不知道該寫什麼，然後就停筆陷入苦思之中。

正因為我曾看過許多優秀的好筆記，也看過許多糟糕的筆記，所以比一般人更能發現重點在哪裡。

將「發現」及「想法」結合起來

哪些場合下該做筆記？

之所以需要視情況做出調整，是因為筆記分成將發現的新知識記下的「輸入筆記」，以及用於創造性思考的「輸出筆記」兩種形式。

那麼，為何將筆記區分成兩種是必要的呢？

關於寫筆記的方法，我曾問過各式各樣的人，不過出乎意料地有許多人也在煩惱這件事。

在KOKUYO中也有人表示：「我也花了很多心力研究怎麼做筆記，如果你有更好的做法請務必跟我分享。」

我自己也曾試過無數的方法。

例如把寫下的內容根據性質作區分，在筆記本中分門別類，也用過大尺寸、小尺寸，或是活頁式的筆記本，但不管怎麼變化，就是找不到適合我的做法，讓寫筆記這件事難以堅持下去。

深究原因，就是碰到下述的問題而陷入迷茫之中：

- 該寫的**簡潔有力**，還是**越快越好**？
- 筆記本要選**大尺寸**，還是**方便攜帶**的呢？
- 內容要**整理成一頁**比較好，還是**想到什麼就寫什麼**，**凌亂一點**也沒關係？

「臨機應變」是一句說起來簡單做起來難的話，我花了很多時間在研究如何找到容易執行的方法。直到某一天，我突然想到：寫筆記的時候，是不是可以根據不同的用途寫在不同的筆記本上，然後進行分類？「但是，筆記的用途到底有多少種？」經過思考之後，我總結出以下三個方向：

① **記錄**
② **蒐集情報**
③ **思考**

找出這三項用途之後，就能分出以下三種筆記：

種類① 記錄筆記

「記錄會議的內容」、「記錄主管交代的事情」、「記錄商談的內容」等等，成為工作的備忘錄。

這些為了不要發生工作上的偏差或漏失而做的筆記。

種類② 輸入筆記

「記錄書本的知識或研討會的結論」、「記錄感興趣的廣告」、「記錄可供參考的案例」等等，為了讓資訊化為自己的知識（供參考、學習用）而做的筆記。

種類③ 輸出筆記

「製作企劃時的筆記」、「整理情報、分析現況的筆記」、「進行生涯規劃而做的筆記」等等，這些藉由資訊的整理，用於構思與創造而寫的筆記。

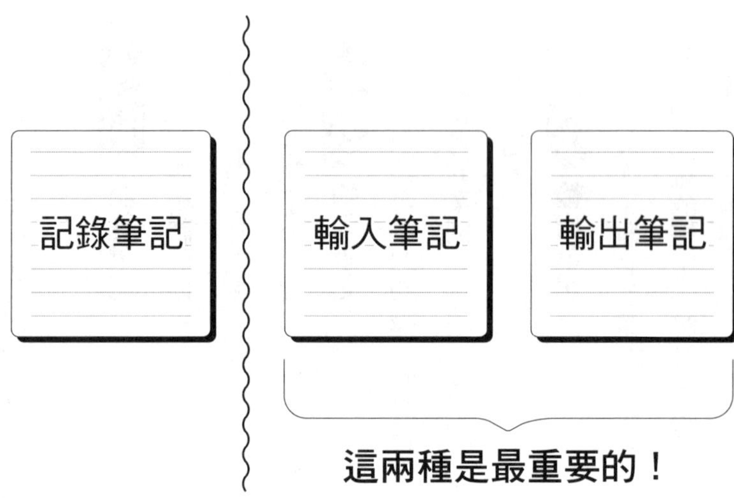

當然，也有同時兼具不同用途而進行筆記的時候，目前只能粗略地分成以上三種形式。

以上三種筆記中，「記錄筆記」只要內容不出錯就沒問題了，跟學生時代寫的筆記十分接近。

長大以後，重要的是「輸入筆記」與「輸出筆記」，善用這兩種筆記，創造屬於自己的想法，這才是筆記真正的功用。

輸入筆記的主要目的是提升自己對於情報的敏感度，找出值得注意的資訊，成為未來可能有用的儲備，也能更新大腦的思維。

輸出筆記的主要目的是針對眼前的主題或問題，寫出前提條件與已知情報，結合自己的想法與見解，找出問題的關鍵點是什麼，成為新的思考方向。

輸入筆記是讓人回首的紀錄，輸出筆記是拓展思路的紀錄

用這種方式思考，就能豁然開朗，找到寫筆記的方向，不再被之前的問題所困。

對**輸入筆記**來說，最重要的步驟就是馬上寫。

筆記本挑選方便攜帶的尺寸，為了方便複習，字要寫得工整。因為目的是需要記錄有價值的發現，所以沒必要拘泥於寫在同一頁之中。

在**KOKUYO裡有許多人會使用「測量野帳」**[7]**這種小記事本來做筆**

左邊就是測量野帳，右邊則是活頁校園筆記本，是公司內的超高人氣商品。

記，把在意的資訊以及觀察到的事情記錄下來。

另一方面，為了能夠擴大**輸出筆記**的發想，建議挑選大尺寸的筆記本，同時也因為我們的習慣常常是想到什麼就寫什麼，因此字跡潦草一點也沒關係。

不過因為之後會需要反覆確認內容，所以在做輸出筆記時，要盡可能把內容寫在同一頁裡。

在KOKUYO，許多人在提出企劃與想法時，會使用A4大小的「Campus活頁筆記本」來做筆記，**如此一來就能隨時將筆記**

紙拆下來，投影到螢幕上分享（使用Campus活頁筆記本的人非常多，而企劃是當中最愛用的族群）。

A4大小的紙可以切割成不同等分，也能一次在桌子上放很多張，優點是可以一邊瀏覽資訊一邊思考，有效幫助掌握局勢並總結想法。

也就是說，平時想增加學習的效率，並提高思考能力的人，同時使用兩種類型的筆記本會比較好。某種意義上來說，這就像是智慧型手機以及電腦的分工，走在路上能用手機隨時進行記錄，而需要工作時就用電腦來製作企劃，尤其是需要動腦的行業，準備兩本筆記本幾乎是不可或缺的一件事。

當然，我並不是在推銷，筆記本的牌子不選KOKUYO也沒問題哦。

接下來要說的才是重點。

輸入筆記用的筆記本要隨身攜帶，這樣才能在需要時馬上拿出來用，伸手進包包就能拿到手，這樣就可以讓你養成做筆記的習慣。

7　KOKUYO測量野帳Sketch Book系列，採用硬式封面讓手持書寫時的穩定性高，尺寸輕巧、攜帶方便，還可放置在口袋裡，走到哪都可做筆記，為戶外活動者或業務及調查人員所愛用。

輸出筆記則要挑選A4大小的尺寸，也不一定要是筆記本，有封底可以固定紙張就夠了（即便在KOKUYO裡，也有很多人是使用影印紙而不是筆記本）。

實際訪問KOKUYO的員工，同時擁有兩本筆記本的人占大多數，能夠分開使用真的太方便了。

即使如此，也有使用者會覺得使用兩本筆記本非常麻煩，這時可以選擇A5～B5尺寸的筆記本，把輸入筆記跟輸出筆記寫在同一本筆記本裡也沒問題。

每個人能處理的資訊量以及寫筆記的習慣都不同，依照需求挑選符合自己風格的筆記本就好了。

手寫筆記的四個好處

手寫比數位記錄好的理由

最近有不少人會用電腦和智慧型手機來做筆記。

但我認為，要提升思考能力，還是必須依靠手寫筆記，手寫比起鍵盤輸入至少擁有四個優勢：

① 自由度

② 瀏覽方便性

③ 記憶強度

④ 創造性

接下來就針對各項要點進行解說。

手寫更好的理由① 自由度（書寫方式由你決定）

當你動手寫筆記時，可以用各種方式強調重點，不管是用畫線的方式，還是把關鍵字反覆圈起來，都能隨心所欲地進行，若想用數位產品達到同樣的效果，要浪費很多時間在上色以及功能選取。

還有，突然產生新想法時，隨手一筆就能添加新的關鍵字，還能畫線連到之前的內容，甚至想畫插圖也是舉手之勞而已。

手寫更好的理由② 瀏覽方便性（各種情報一眼就能看清楚）

電腦以及智慧型手機會因為圖片解析度的影響，導致有時文字看不清楚，一眼能看見的情報十分有限。

當你不捲動畫面，就不能瀏覽全部內容時，看不見的部分在無形中就會形成一種壓力。

如果是寫在紙張上，一眼就能看到所有的情報，然後就可以把精力全部集中在思考上，也能隨時串聯上面的文字，意外發現「啊，這兩點也許可以互相呼應！」如此也更容易舉一反三，比起數位產品，紙張和「思考」更能相互幫襯，完美結合。

手寫更好的理由③　記憶強度（手寫更能幫助記憶）

比起用鍵盤打字，手寫更能加深印象，這個說法是有根據的。

最有名的例子是，二〇一四年，美國普林斯頓大學和加州大學洛杉磯分校在研究中發現，在筆記本上手寫記錄的人比起使用電腦用鍵盤輸入的人，不僅能記住更多內容，也能獲得更好的成績。

而在現實中，手寫還可以調整文字大小，也能在底下畫線。

「確實，使用大的文字書寫並同時畫線，可以加深印象」，這樣的方式更能為視覺帶來刺激，幫助記憶。

手寫更好的理由④ 創造性（活化大腦、幫助思考）

在前三點的基礎之上，第四個推薦手寫的原因，同時也是最大的理由，那就是有效提升創造性。

具體的理論我們留到Chapter 4～6再詳細說明，所謂的創造性，就是把尚未語言化的模糊概念化成文字，透過關鍵字的串聯，把自己的想法變成具體的圖像。

正如同史蒂夫・賈伯斯[8]所說的「連接點」（連接點和點）一般，將乍看之下毫無關係的情報與經驗寫出來，同時可以透過連結來催生創意，這也是手寫的魅力所在。

用電腦來執行「將三個關鍵字畫線連結」的動作時，實在是非常麻煩，而且速度又慢，想用鍵盤和滑鼠來完成這件事，真的很不適合。

唯有加入自己的情感與風格，如此才能展現原創性，手寫可以透過文字大小以及字跡達成效果，如果是數位紀錄就很難與他人作出區隔。

但電腦與智慧型手機也並非一無是處。透過裝置可以攜帶龐大的資訊，還能輕易檢索輸入的關鍵字，如果是平板的話，還能用觸控筆達到和手寫一樣的效果。

KOKUYO之中也有許多人使用數位工具來當筆記本，與其糾結該用什麼工具，不如隨使用的環境而定。

例如：在記錄統計數字這樣的資訊時，就可使用電腦做筆記，平常與人聊天或看書的時候，就用手寫來做筆記，依照情況區分使用也是不錯的方式。

8 Steven Jobs，一九五五～二〇一一，美國發明家、企業家，蘋果公司（Apple Inc.）聯合創始人之一。

善用筆記來加速成長

打磨輸入筆記的掌握度——情報敏感度、觀察力、言語化力

我在觀察做筆記時的KOKUYO員工，還注意到一件事。

把筆記做好，好處不光是能有效率地吸收知識，還能加以活用，作為思考的參考依據。

這樣的優點就體現在：通過「輸入筆記」來提升品味，再透過「輸出筆記」來增加創造性。

簡單來說，就是：**養成寫筆記的習慣，就能帶來長期的自我成長。**

細節請容我留到後面再說，在「輸入筆記」中，找到自己「寫筆記的準則」，篩選並記錄情報，寫下自己從中發現的資訊，最終目的都是要用來作「成果輸出」的準備。也就是為了製作企劃所籌備發表的內容，在蒐集有用情報的過程中，也可以**讓自己變得更加敏銳**。

在瀏覽情報時不要漫不經心，要作好隨時掌握重要資訊的心理準備，讓自己的情報敏感度保持在最高狀態。

在這種高度集中的狀態下做筆記，掌握的不只是文字訊息，還能捕捉到周遭人士的行動與交談，大幅提升我們的觀察力。

最後，在記錄的資訊中註記自己的心得，也可以磨練解釋與表達的能力，讓自己更容易掌握事物的本質。

用輸出筆記來提高創造性——俯瞰力、發想力、構想力

在經過「輸入筆記」的磨練之後，基礎思考能力會大幅提升。

接著就是用「輸出筆記」，來提高屬於自己的輸出能力（回答能力）與創造力了。在紙上寫下前提與現況等相關情報，接著探究問題的本質，再系統化地整理出解決辦法，這就是正統的思考流程。

將情報全部寫下來，就能夠一邊瀏覽一邊思考，就能自然而然地獲得俯瞰全局的能力。

把透過輸入筆記獲得的知識當作情報寫在筆記之上，就能進行串聯，一邊找出問題的本質，一邊在過程中不斷深入思考，培養自己的發想力。

並且為了制訂實行的計畫，也為了能夠像說故事一般傳達給他人，將基礎的概念串聯起來的構想力也就會隨之提升。

「輸入筆記」與「輸出筆記」之間的關係，與體育活動中「練習」與「比賽」的關係十分相似。

運動員為了在比賽中取得好成績開始每天練習，而練習就是不斷地自我鍛鍊，雖然比賽的結果才是最重要的目標，但在這個過程中，可以培養出抗壓的毅力，想要贏得比賽，就必須在每天的練習中全力以赴。

寫筆記也是一樣的道理。

想要作出個人專屬的成果，唯有透過每天寫筆記來不斷積累，只要持續地寫筆記，就能磨練自己的思考能力。

輸出筆記則是為了在工作中拿出好成績，因為有了輸出的舞臺，創造力才得以提升，而難得的機會就成了我們最好的動機。

綜合上述，這就是輸入筆記與輸出筆記的作用與成效，後面將作更具體的事例解說，讓你能理解得更為透徹。

序章總結

- 想培養自我思考能力，養成寫筆記的習慣是最有效的
- 在日常生活中將發現的情報寫下，磨練輸入筆記的能力
- 一邊做輸出筆記一邊進行思考，提高創造性

Part 1

輸入筆記

記錄平常生活發現的筆記術

成功不是一蹴可幾，先從將知識變成養分開始做起

斷尾筆記的徵兆

終於到了具體解說輸入筆記的時候了。

會讀這本書的人，應該都想把筆記寫好，但許多人無法堅持到最後。

筆記寫不下去的人，大致會出現三個徵兆：

筆記寫不下去的人① 全部都寫型

為了不要錯過情報，一字不漏全部寫下來的類型。

要藉由把情報全部記錄下來，才能夠得到安全感。

打開筆記本會發現文字十分僵硬，雖然能將當時的情報完整再現，但一旦被問到「重點是什麼？」的時候，卻一個字也說不出來。

有這種情況的人，很多都是學生時代就養成了這樣的習慣。

筆記寫不下去的人②　斷尾型

剛開始還會認真寫筆記，但逐漸變得越來越蒙混過關，到最後完全停筆的類型。

起初雖然幹勁滿滿地在筆記上寫滿東西，但因為沒有建立自己的篩選準則，所以只會挑選顯眼的情報記錄，最後就變成了「這個好像很重要、那個也好像很重要」的情況。

最後產生疲乏而寫不下去。

人都無法維持長時間的集中力，所以寫筆記這件事情就容易半途而廢，想回頭複習時也只會感到厭煩，自然也就無法將筆記進行活用。

筆記寫不下去的人③ 一句話帶過型

平時就沒有養成寫筆記習慣的類型。

很多人會覺得，需要情報時，用手機搜尋一下不就好了嗎？「只要寫下最關鍵的那句話就好。」抱持這種想法的也大有人在。

但過了一段時間，「啊，之前記得好像聽過某句重要的話，那是什麼來著？我完全想不起來了。」如此一來，又得花很多時間上網重新搜尋，然後才意識到「好像不記下來不行呢」。

只是當你想寫的時候，又不知該如何下筆，覺得自己是在浪費時間，於是不由自主地又把筆放下了。

有些讀者或許感覺自己被說中了吧？雖然話說得難聽，但這是因為你擁有以下這些問題：

- **只會站在自己的角度看事情，憑好惡取捨情報。**
- **對取捨情報的標準妄下定論。**

如果一直處在這樣的階段無法突破，想把知識化作養分，這個目標可能永遠都無法實現。

首先，試著用文字寫下內心的感受吧

這樣做是不是就能寫好筆記了呢？

從結論來說，重點在於**先將5%的情報記錄下來，用這樣的心態開始培養習慣**。你可能會懷疑「欸？5%夠嗎？」但如果不夠用心，就算寫下95%也沒有用。

在寫筆記的階段，常會發現無法判斷情報是否具有價值。或是也有「這句話，非常適合在明天早上的會議中使用！」的情況，但多數時候，不知道能不能派上用場才是正常的，所以不要抱持先入為主的想法來寫筆記比較好。

這就像是在買股票一樣。

闖蕩股海多年的資深人士也不可能確保股票一定會上漲，但憑藉自己的經驗作判斷，也能夠推算出上漲的機率，提高收益的期望值。

記錄資訊的取捨也是相同的道理，雖然不知道哪些情報才是重要的資訊，但可以觀察自己想要的部分，再將得到的情報當作之後企劃的參考，或是在說明會上引用佐證，總有機會遇上能實際運用的場合，成為將來輸出的提示。

也就是說，**不要特意去找能派上用場的情報，而是先培養自己對於情報的敏感度**，然後，不要強求將資訊立即運用輸出，而是成為知識的儲備，靜待派上用場的時刻到來。

「直到現在為止，我只知道一種方法，這次看到不一樣的做法，或許之後可以嘗試看看。」我想說的差不多是這種感覺。

豐富自我的知識儲備量，開始習慣輸出的武器越變越多的感覺吧，只要有過一次這樣的體驗，寫筆記就會變得越來越開心。

其中有以下兩項要點：

- 不要執著於完全正確記錄對方說的話。
- 要把自己的心得融入筆記裡。

如此一來，就可以只記錄重要的部分，就算產生感覺上的偏差也無妨，讀書時也會遇到內容太過困難，並自我懷疑的時候，但只要能得出自己的心得就可以了。

這樣做的好處是，就算情報派不上用場，也能確實提高自己的情報靈敏度，讓知識化成養分，確實吸收。

輸入筆記的三個要點

那麼要如何運用輸入筆記，將知識化作養分吸收呢？請試著實行以下三個要點：

輸入筆記 要點① 掌握寫筆記的準則

輸入筆記 要點② 條列式書寫

輸入筆記 要點③ 把自己的發現加入內容

筆記不要寫得漫無目的，盡可能聚焦在某些重點上，運用技巧才能做出擁有自己風格的筆記，下面將對這三個要點略作概述。

輸入筆記 要點① 掌握寫筆記的準則

不管什麼情報，接收之前，要先在心中擬出一份準則。

這樣一來，自己想知道什麼、不需要知道什麼，都會有個方向。工作需要哪些知識、自己感興趣的事情是什麼，都能作為衡量的準則，接著再反覆進行確認。

更詳細的內容留到 Chapter 1 再作說明。

依據。

所謂寫筆記的準則，就是在面對情報感到迷惘時，用來判斷是否撰寫的依據。

當我們遇到「雖然看起來和我沒關係，但這句話卻用粗體字書寫，想必還是很重要吧？」、「雖然聽不懂，但對方講得鄭重其事，還是寫下來吧？」之類的情況，這種連自己都找不到書寫理由的東西，就直接忘了吧，不要浪費時間做筆記。

這樣一來，就能逐步掌握將知識化為養分的訣竅了。

輸入筆記 要點② 條列式書寫

寫筆記時，切記不要囫圇吞棗地全部寫下來。

去其糟粕，取其精華，努力提升自己篩選情報的能力吧。「這才是重點！」在這片情報的大海中，目標是打撈那條大魚，將重點部分寫成條列式的筆記，才是有效率又有效果的做法。

「判斷什麼才叫重點太難了啦！」你可能會想這樣說。詳細的方法等到了Chapter 2我再告訴你吧。

條列式書寫的好處是可以讓筆記變得簡單，減少模糊空間。

如果把一篇文章全部記錄下來的話，會變得拖泥帶水，而只寫關鍵字的話，則複習時搞不懂前因後果的可能性就變高了。

把內容用一句話寫下來，再把輸入筆記的核心部分用劃記（或點）進行強調的方式，是十分有效的做法。

輸入筆記　要點③　把自己的發現加入內容

有時就算看到重要的筆記，也會覺得「當時為什麼要把這個寫下來呢？」，這是因為沒有意識這個情報對自己有何意義。

因此每次書寫時，最好用一句話補充自己在當時有什麼樣的心得，才不會造成日後的困擾。

具體的技巧我將在Chapter 3進行講解。

只要把握以上三個要點，對於情報的吸收能力就能上升，一開始可能會覺得「把這個資訊記錄下來了，但不知道有什麼用。」但加上自己的一句話之後，也能產生練習的效果，使自己的表達能力變得更加具體。

Chapter 1

了解做筆記的準則

提高「敏感度」，挑選有用的情報

掌握寫筆記的準則，磨練對情報的敏感度

擅長工作的人都有著對蒐集情報十分敏銳的傾向。這種人感覺一來就會振筆疾書，發現內容索然無味時就停筆不寫，從來不會猶豫不決。不知不覺中，一翻開筆記本，滿滿的都是對自己有意義的資訊。

相反的，不擅長寫筆記的人則看自己的心情來寫筆記，所以內容往往參差不齊，筆記本裡都是有所缺陷、不得要領的內容。

兩者之間的差距，會在成果上出現天壤之別。

如果你想讓自己擁有對情報的高敏感度，就必須掌握「寫筆記的準則」，當你在記錄時能**有好的判斷標準，就能從中找到需要的資訊**。

加藤昌治所寫的《考具》[9]一書中提到「彩虹巴士效應」，比如注意「紅色」，在環顧四周時就會下意識地尋找紅色的東西，想買蘋果電腦時，就會在路上找蘋果電腦的用戶，自己的小孩要考試時，父母就會一直看見補習班的廣告。

當人類的大腦意識到特定的事物時，就會從接收到的情報中識別出與該事物相關的資訊，我們沒道理不去善用這樣的機制。

也就是說，想要提高自己輸出的成果，自己就該去注意哪些事情，照著這個想法，去羅列一張清單。

在筆記本的第一頁上，試著寫下你想記錄什麼樣的內容，如果把感興趣的事情寫出來，在看到相關資訊時就會更容易發現自己的目標，而不會再發生「啊，怎麼老是寫一些不相關的內容？」這種狀況。

那些讓人感到困惑、不知道是否有用的情報，會隨著時間不斷累積，最

9 『考具―考えるための道具、持っていますか?』，CCCメディアハウス，二〇〇三。

後變成「啊，以前煩惱的事情，原來我已經寫出提示了」的形式再次出現。

當然，沒有必要死抓著筆記的準則來看待情報，只要看見想記錄的東西，就直接放進大腦的某個角落裡吧，如果被準則束縛，而錯失做筆記的良機，那就得不償失了，多數的情況只要憑直覺寫下來就好。

想活用這個情報嗎？這個情報有趣嗎？

想在一眼就看出一項情報是否符合筆記的準則，可透過兩種情況來作判斷：

- **想活用的情報**
- **感到有趣的情報**

所謂「想活用的情報」是指：在工作或生活上可以拿來參考的靈感，或是說話時會想引用的文章等等。

10 Arthur C. Clarke，一九一七～二〇〇八，英國作家、發明家，以撰寫科幻小說聞名。

在筆記的第一頁，
把「筆記的準則」條列出來吧！

而「感興趣的情報」則是：雖然沒辦法直接套用到實際的行動上，但符合自己的感性以及嗜好的情報。

無論是感動或是興奮不已，能夠刺激我們情感的都能算是情報，蒐集情報並不只是為了使用，找到能夠觸動心弦的情報，也對磨練自我思考有很大的幫助。

這樣做的理由是，既然已經接觸了筆記術的技巧，那麼在今後時代，就能創造更多展現自我原創性的機會了。

為了擁有自己的發想與行動，就必須成為所謂的T型人才，T型分為直向專業能力的深度，以及橫向一般常識和教養的廣度，掌握深度與廣度兩者的平衡，才說得上是一個好人才。

筆記如果僅僅只是用來加深自己的專業能力（T型的直向），或許能夠讓自己成為一名專家，但若對其他領域的理解不足，就會變成一個缺乏柔軟性的人。

另一方面，如果只是寫下一般的常識與知識，雖然能夠成為一個雜學專家（雖然某種意義上來說也很厲害），但也會變成一個沒有中心思想、缺乏主見的人吧。

所以在我們訂定筆記的準則時：

- 提高自己的專業能力，**「能活用的情報（直向）」的視角**
- 即使與工作沒有直接相關，用來拓展喜好**「感興趣的情報（橫向）」的視角**

這兩者是不可偏廢的。

訓練專業能力的時候，不要執著於一項技能，在具備相當程度的能力之後，就要把重心移往下一項技能。

將「想活用的情報」與「感興趣的情報」加起來挑選5～10種，然後列在筆記本的第一頁，

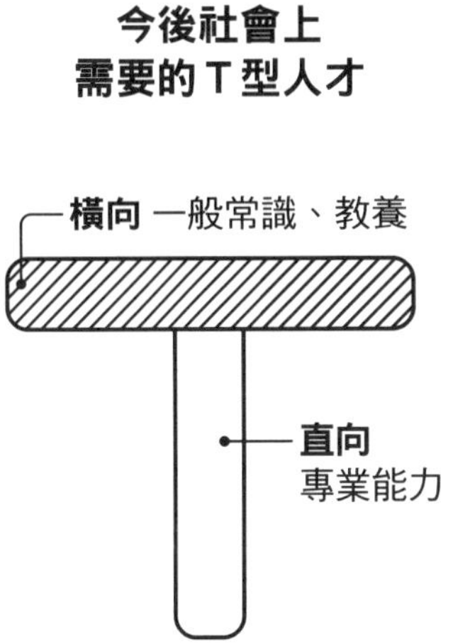

今後社會上
需要的T型人才

橫向 一般常識、教養

直向
專業能力

這樣在寫筆記的時候就能掌握大致的方向，直到更換筆記本的時候，再來更新「筆記的準則」就好。

如果覺得每次寫筆記前，都要擬定筆記的準則很麻煩，那就把筆記的準則寫在便條紙上，這樣換筆記本的時候直接貼過去就好了。

確認自己真正需要的情報

什麼樣的情報，才能對工作產生幫助？

那麼，具體該如何擬定筆記的準則呢？

首先是「想活用的情報」，最需要的就是對於工作有幫助的情報，如果剛好符合個人的興趣和喜好自然是再好不過了，因為想把情報化為養分吸收，這必能產生事半功倍的效果。

大家想必都有過這樣的經驗，就是從讀書、興趣或是運動各方面，得到對工作或人際關係產生幫助的靈感與提示。

因此，也不限定是用筆記來記錄讀書心得或興趣訣竅的人，只要你想做輸入筆記，最好是能集中一冊並隨身攜帶。

這樣的話就不會讓情報變得散亂（有讀書習慣的人，就把「讀書筆記」

單獨成一冊，有網球興趣的人，就把打網球的訣竅單獨寫在「網球筆記」裡，這樣會比較理想）。

無論是工作還是私人興趣，都存在當前努力的課題，以及今後的職涯規劃兩種面向，此時要把前者當成「短期目標」，後者當成「中長期目標」來處理。

以我自身為例，「短期目標」包括人才培訓、公司內部交流改革、對外的宣傳工作，私生活方面則是對日本史的興趣以及減肥，大致是這樣的內容。

筆記的準則

短期目標

- 領導與構築人際關係的方法
- 數位與面對面交流的優、缺點

- 如何活用社群網站的廣告宣傳擴大客群
- 幕末的歷史（主要人物的思想差異？）
- 維持健康的飲食相關知識

右邊三項是工作相關，左邊兩項是私人相關，不要想得太複雜，只要搞清楚工作以及私人生活需要的目標是什麼就好。

工作相關不外乎營業、開發、總務、人事等等，有著各自需要掌握的主題。

私人相關方面，興趣、學習、健康、金錢、孩子的教育、住宅、食物等等，可以考慮一年內想要掌握的主題。

接著只要在決定好目標之後，再添加一點取捨的方法就可以了。

用這種方式來訂定準則，當眼前出現可用的情報時，就不會輕易錯過。

以我前一陣子看到的、關於構築人際關係的情報為例。

那是一篇題為〈班傑明．富蘭克林效應〉的文章，是由美國的物理學者兼政治學家班傑明．富蘭克林[11]透過「請借我一本書」的行動，將敵人變成朋友的技巧。

因為擺出了請求的姿態，所以能夠達到讓對方認為你沒有敵意的效果。

我覺得這個技巧十分有用，於是在寫下筆記的幾天之後，馬上向平常不敢搭話的前輩表達「能否借我那份資料的影本」（雖然我並不需要那份資料）。

因為這樣，原本關係疏遠的對方，在那之後也可以融洽相處了。

什麼樣的情報，可以對生涯規劃產生幫助？

「中長期目標」是用三～十年的時間，自由寫下想研究的主題以及自己的興趣等內容。

牛津大學副教授麥克爾・A・奧斯本在二〇一四年發表了一篇名為〈雇傭的未來〉[12]的論文引起廣泛討論，內容是探討未來十～二十年，美國的總雇傭者中將有47％的人會失去工作。

十年之內，咖啡店店員以及事務員將會消失，這樣的情報具有強大的煽動力，能激起人們的危機意識，不過這個現象在即將邁入二〇二四年的此時此刻，還未發生就是了。

但是我們也不能妄下定論，保證今後都能一直安穩地待在工作崗位上。

在日本，重新審視職涯規劃的成人教育（成人的二度就業輔導與教育制度）的重要性，逐漸受到社會大眾的關注，對於取消轉職跳槽以及斜槓副業的禁令，呼聲也不斷提高。

---

11 Benjamin Franklin，一七〇六～一七九〇，美國政治家、外交家、科學家、發明家、出版商、印刷商、記者、作家、慈善家、共濟會的成員，同時也是美國的開國元勳之一。

12 'The Future of Employment' by Carl Benedikt Frey and Michael A. Osborne, September 17, 2013, University of Oxford. 論文連結：https://reurl.cc/YeM7ea

究竟要如何發展自己的職業生涯，還是要深化自己的專長，在這種環境下，最重要的就是能一邊培養工作技能，一邊進行思考。

想同時掌握廣泛的知識教養，也不是一蹴可幾的事情，同時兼顧的主題數量不要太多。

這樣說起來可能會感覺籠統，但總之先把上述的內容當成「中長期目標」的筆記準則，再開始蒐集情報。

以我自身為例，以下的筆記重點，右邊三個是與工作相關的內容，左邊兩個則與私人生活相關。

筆記的準則

中長期目標

- 創造性的思考方法
- 資料分析和統計的基本技能

- 相互認可多樣性的交流方式
- 葡萄酒的相關知識
- 對藝術以及繪畫的鑑賞能力

該思考的中長期主題：

- **意識到自己**在工作中的不足，找出**長期面臨的問題**
- 英文、程式設計、行銷知識等**具體技能**
- 豐富人生的文學、藝術、哲學等**知識教養**
- 股票等投資以及老年準備等**生活中的規劃**

以上，不管什麼內容都沒問題。

對我來說，溝通不只是表面上的社交技巧，更牽涉到人類的欲望本質，是具創造性的思考方式，是我們從小到大都必須不斷面對的人生課題。

為了提高自己社交方面的創造性，我會用統計的概念去學習各種技能，雖說多樣性十分重要，但在企業以及人類社會之中，還是會受到相關部門以及社區意識等因素的限制，因此必須時時自我探問：怎麼做才能得出最好的結果？

這類問題的另一層特性就是：人類必須永遠面對且無可迴避。想要深化自己的思考就不能逃避，一有機會接觸相關情報，就要馬上作出反應，立刻寫入自己的筆記裡。

當我們長大之後，會意識到在人際關係中，必須維持最低限度的知識教養，若想培養品酒與鑑賞藝術的品味，就必須把這些教養的相關知識列為學習目標。

如果**用功利的角度來蒐集情報，就會讓自己的視野變得越來越狹窄**，把工作以外的事物也列進中長期目標，就會讓自己的思考方式不再那麼膚淺。

想把職涯規劃列進學習的內容時，就會發現範圍實在太大，變得難以聚焦，因此就必須把中長期的目標視覺化。

接下來的說法或許有人不太能接受，但表面上看似重要，卻與工作無關的資訊，有時是必須斷然捨棄的。

例如，我會無視時尚流行與投資相關的情報，因為對我來說用處不大，畢竟人的時間有限，想要集中精力，就沒辦法事事關心。

找到引起自己興趣的情報

喜歡、心動的是哪些情報？

接著就來談談T型的橫向，也就是一般常識與教養的筆記方法。

關於知識教養，多數人都有自己的看法，但對於有趣的東西就很難抱持長遠的眼光來看待。

這裡所謂的「有趣」並不是指「搞笑」或「幽默」，而是「引發興趣」、「令人在意」的意思，這包括有：

- **自己感興趣的東西**
- **不自覺吸引目光的東西**
- **不具備保值性卻讓人期待的東西**

但這些東西真的符合筆記的準則嗎？

其實，我們讀到的小說作家姓名、想去的地區或國家、想培養的興趣，想讀的書，還有想學繪畫、想學音樂、想去旅行、想吃美食，以及想了解的藝術都符合這樣的內容。

舉例來說，我現在就準備把新的興趣加進筆記裡。

興趣

- 亞瑟・C・克拉克的小說（探討人類起源與思考實驗）
- 設計史（Earthisan & Crafts、新藝術運動、裝置藝術、包浩斯建築藝術等沿革）
- 便利商店能買到的低糖食物（辦公室工作很容易吃太胖）
- 拍出漂亮照片的攝影技術（單眼相機的性能、俐落的構圖技巧）

雖然寫法沒有硬性規定，但最好註記「對哪部分感興趣」以及「這是為什麼」，開頭就把喜歡的作家與藝術家寫出來也不錯，一邊開拓興趣一邊塗塗改改也是件樂事。

只要把當下的感覺以及有興趣的內容記錄下來，就對相關資訊多加留意，並發現「這個好有趣！」當這些內容都是自己喜歡的事物時，也會有效提高我們寫筆記的動力。

或許會有人懷疑，這樣之後還能轉換成輸出筆記嗎？但無論如何，透過筆記可以理解自己的好惡與本質，並確立志向。

這樣做的結果，能讓自己的價值觀與想法不斷更新，同時磨練自己的成果與個性。

例如：

- 喜歡文字表現，把作家寫進筆記的人

↓

- 整理資料後，運用文字技巧展現出來，讓報告簡潔有力

或是：

- 喜好娛樂的人，把逗樂別人的方法寫進筆記

↓

- 演講的時候，掌握觀眾聽到怎樣的內容會覺得開心，臨場反應變好

像這樣把自己的興趣轉換成輸出能力，也能對工作帶來幫助。

山口周[13]先生在著作《自學的技巧》[14]中，有如下的敘述：

「通過自學獲得的知識，有分成『馬上能用的』，以及『非常有趣，不知道哪天能派上用場的』，尤其重要的是，『好有趣，感覺未來可能能用的』比『只有那個人才能達成這樣的成果』的情報要來得多的多。」

簡單來說，能夠馬上派上用場的情報，很容易被多數人使用，讓成果的

13 一九七〇～，慶應義塾大學文學院哲學系畢業，慶應義塾大學文學研究所美學美術史碩士，日本知名管理顧問。

14 『独学の技法』，ダイヤモンド社，二〇一七。

同質性過高。用感興趣的視角來做筆記，**即使沒有直接化為成果，也會在其他面向化為成果的一部分，並形成獨創性。**

筆記的準則只要有大方向就行了

前面的篇幅都在說明筆記準則的制定方法。

而在是否寫成筆記的判斷上，雖然可能有點矛盾，但不要被筆記的準則限制住會比較好。

因為除了你想寫成筆記的內容以外，世界上還有許多可以活用、而且非常有趣的事物。

寫出準則的目的，只是為了讓自己有個能夠參考的方向和依據。

對於自己來說，未曾注意的新資訊，是無法用筆記的準則來衡量的。

因此當你碰到「這個感覺很有趣，但不符合我的筆記準則，該怎麼辦……」的時候，還是記下來比較好，**基本上，當你「猶豫」要不要記的時**

候，「寫」就對了！

無論是什麼樣的情報，都是錯過就不再，現在不記下來，明天100％會忘記。

如果覺得，無須特別訂定筆記的準則來蒐集情報也很有趣的話，那就走自由風格也沒問題，當你的筆記本寫滿要更換的時候，重新打開來回顧內容也是一大樂事。

「蒐集了很多可以派上用場的情報，也系統性地做好整理，所以想把準則拉到更高的境界。」

或是：

「反正只是為了興趣，也沒碰到與自己相關的情報，暫時停止這個項目吧。」

或是：

「啊～這項記錄，以前好像也寫過類似的東西，或許是我的情報雷達容易注意到類似的資訊，在筆記的準則上多加一點具有深度的思考吧。」

無論哪種形式，都可以檢測內在的感測器，成為檢視自己情報靈敏度的機會。

然後，一邊留意對未知與已知的情報靈敏度，一邊持續做筆記，就能源源不絕地把資訊化成養分，不斷吸收。

做筆記的時候，若要時時確認準則才能決定要不要記錄下來，會是很麻煩的一件事。

「啊～」

「嗯？」

「心動！」

這樣的直覺非常重要。

再說得具體一點，「高興，心情變得愉快了」、「悲傷，憤怒湧上心頭」、「吃驚，好意外」等等，只要順著自己的感覺走，再比對準則，只要能達到兩者間的平衡，就能提高自我的情報敏感度。

Chapter 1 總結

- 訂定筆記的準則，讓自己不再錯過必要的情報
- 筆記的準則分為「想活用的情報」與「感興趣的情報」
- 不要被筆記的準則束縛，有時候要跟著直覺走

Chapter 2

條列式摘要

筆記的基本就是條列書寫

不需要全部寫下來，把重點摘要就好

了解「筆記的準則」之後，下一步就是介紹輸入筆記的具體寫法了。得到情報時不要囫圇吞棗地全部記下，而是從中找到重點，去蕪存菁是非常重要的步驟，否則筆記就會淪為情報的流水帳，無法變成自己的知識。

實際書寫的時候，**在句首善用標點符號（點）進行條列**，這樣就能讓筆記的內容變得方便好懂。

請比較以下的筆記：

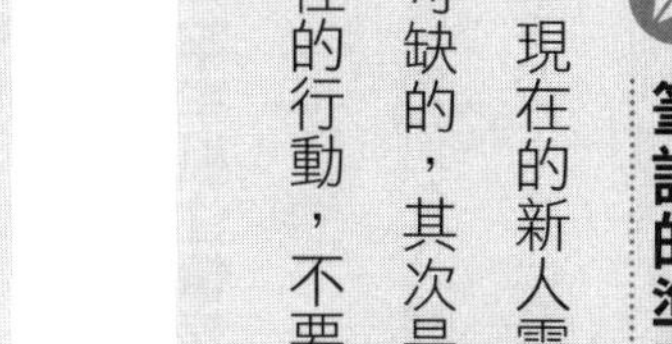

筆記的準則

現在的新人需要什麼，是今後的培訓要點。首先，思考能力是必不可缺的，其次是不管到哪一個部門，都能適應團隊合作，最後是自發性的行動，不要等到別人下指示才工作。

新人培訓要點

- 邏輯性的思考能力
- 團隊合作適應力
- 自發性的行動力

為了將情報轉化成養分，條列摘要比鉅細靡遺的流水帳要好得多，更有效率也更好懂。

寫筆記的方式，可以詳實地還原情報，也可以只記關鍵字，或是從紙的中心點開始寫下主題，放射狀地連結其他部分，形成心靈地圖（Mind Map）[15]。

這各式各樣的方法中，最適合輸入筆記的就是以一行短文為主的條列式書寫。理由是：

- **能迅速地寫出情報**
- **牢牢抓住情報的核心**

就是這麼簡單。

如果想記全文的話會有很多的冗言贅字，但只寫關鍵字的話，以後複習時可能會看不懂在寫什麼。

條列式書寫是最容易整理情報的方式。

因為用點來做排列，所以可以把情報當作單獨的個體來閱讀，也能夠直觀地知道有多少重點。以剛才的「新人培訓要點」為例，從一段話裡擷取出三個要點，內容就變得明快許多。

參加研討會或演講會的時候，對自己沒有用的情報也不必記下來，只要把必要的內容抓出關鍵字，再用條列書寫即可。

在注意到情報的意義與重點時，找出必要的部分來作取捨，就能完成簡單而清楚的筆記。在文章開頭畫上點點、條列，就能很好地對情報進行整理。

不拘小節地振筆疾書吧
——每次內容改變時就畫線，寫上日期與標題

輸入筆記不需要在翻開第一頁的時候就包含全部情報。

15 使用非線性的圖形布局，來表現與主題連接相關的任務、單詞或項目，建構出得以圍繞使用者核心概念的直觀框架。

在記下研討會的總結內容時，最好留意每個主題都有獨立頁面，但如果是日常生活中的情報，例如報紙或網路上的小資訊，那就不用刻意分成好幾頁來寫。

所以，當寫下新的內容時，最好**畫一條線隔開，並附上日期與標題**，最重要的是，從視覺上來看能馬上明白是另一種資訊。線用手畫就可以了，但請每次都要寫下情報內容的標題和日期，然後才開始寫筆記。

這聽起來很理所當然，但即便如此重要，還是會因為麻煩而忘記畫線，如果省略這個步驟，**日後要回頭確認時就會造成很大的困擾。**

我以前也沒有畫線的習慣，所以等到複習筆記的時候，效率就大幅地降低。

「日期」尤其是相當重要的資訊。

「那個資訊是半年前研討會上記錄的內容吧？是哪一天的事？」

或是：

「確實是那一天的下午，在咖啡廳想到後記下了的。」

就像這種感覺，把記在筆記本上的事情用日期進行整理，這樣就能像看日程表一樣馬上找到想要的情報。

像是二〇二一年十一月八日的事情，只要寫成「211108」、「21/11/08」或是「1108」就可以了。

「標題」也是為了方便檢索而存在。

寫標題是為了加強記憶，這樣就不用擔心會忘記寫下的情報，也不用花時間再去搞清楚內容。

- 讀書筆記就寫上**書的標題**
- 會議紀錄就寫上**會議名稱**
- 研討會筆記就寫上**會議標題與演講者的名字**

所以請確實地把標題寫上吧！

如果是新聞和報紙的報導，就把主要資訊用自己的一句話來總結，例如下面的標題：

標題

讀書筆記的標題

《新・日本》[16]安宅和人著　讀書筆記

新聞筆記的標題

「家事、育兒是夫妻的共同責任」日經晚報 190104/P5

研討會筆記的標題

奧谷孝司「向《世界最尖端的市場行銷》[17]學習」研討會

你可能會想讓標題具有一致性，但太過在意這件事，就會讓取標題變得麻煩而懶得寫，只要能直觀地看出內容是什麼就足夠了。最好的標題是看一眼就能想起自己寫了什麼。

試試看吧，能不能只看標題就馬上想起解決問題的所需情報，或是當成說話時的話哏。

然後，把實際記錄的東西輸出活用，這樣一來即使不看筆記，能夠信手拈來的知識也會變得越來越多。

16 『シン・ニホン』，NewsPicks パブリッシング，二〇二〇。
17 『世界最先端のマーケティング』，日経ＢＰ，二〇一八。

好好「回想」再寫

不要寫得密密麻麻，要有三成的留白——這三成的留白是讓你做補充的空間

在寫輸入筆記的時候，不要把版面寫滿，請留下三成左右的空間保持空白。

每次寫新的主題時，中間就要空出一到兩行。

條列書寫的時候，筆記本的最右邊會有一些空白，就把這個地方作為留白。

留白的好處有以下兩點：

第一點是，用區塊來分類情報，比較容易理解每個部分的獨立性。

輸入筆記是以未來會再次翻閱為前提寫的，如果寫得密密麻麻，根本就沒辦法好好閱讀，保留一定程度的空白才能適當呼吸，保持餘裕地讀完。

第二點是，未來有新發現時可以進行補充，回顧筆記的時候，也會遇到想把其他蒐集到的情報和自己過去的紀錄相結合的狀況，這時就能把新東西寫在留白的空間上。

碰到以上的情況時，若能適當留白就會變得十分便利。

關於留白的比例沒有硬性規定，以你閱讀筆記本時，一邊自問情報是否清晰易懂，一邊拿捏留白的空間與大小即可。

我在做筆記時也是這樣，「更改副標時就空一行，更改大標時就空兩行」。**請注意：不要把規矩訂得太細，否則必須遵守的意識會變強，然後就無法長久維持。**

整體來說，頁面大約保持二～三成的空白就可以了。

條列書寫時一行約10～20個字[18]
——不要刻意寫得很短

條列書寫筆記時，要保持適當的長度，太短的話會變成意義不明的筆記，太長的話閱讀起來也很麻煩。

系井重里[19]曾說，文章的一行在20個字以內比較容易閱讀，即使想寫長，包含關鍵字在內也不要超過這個數字。

另外，常常在Yahoo!熱門搜尋上看到10個字的長度，這也是值得我們注意的現象。

以下文章是20個字與10個字的比較：

- 筆記容易複習的訣竅是將關鍵字寫成條列式**（20個字）**
- 筆記秘訣條列關鍵字**（10個字）**

你覺得如何呢？

基本上總結成10～20個字左右的話，資訊就可以一下子進入腦海。

當然，若過分拘泥字數就會拖慢寫筆記的速度，若不小心寫得太長，只要用筆記本一行左右的長度寫完就好。

想省略接續詞跟多餘的修飾語句時，用條列式書寫是最方便的。

反過來說，**寫得太短的話，也會搞不懂寫了什麼東西**，例如：

- **管理**
- **資訊共用**

像這樣只用單字排列，根本沒辦法想起來當初是為了什麼而寫。

- 培育的重點是管理的遠見 **（12個字）**
- 推廣個性化的資訊共用 **（11個字）**

用這種方式記錄，回顧時就能立刻掌握內容。

18 原文是日文字元15～27個字，換算中文約10～20個字。

19 一九四八～，日本知名廣告創作人、散文家、作詞家。

另外，內容很多、很長以致無法用一行寫完時，就把文章分解成數行記下來就可以了，例如想記錄的情報如下：

「管理時具備長遠的眼光是非常重要的，但困難點在於主管很忙，沒時間縝密安排，同時也因為自己沒遇過這樣的主管，缺乏學習對象，無法進行經驗模仿。」

我把這篇文章拆解、條列書寫如下：

- **管理的重點是具備遠見，要把握問題。**
- **留意忙碌時，無法抽出時間培育新人的狀況。**
- **沒有遇到好主管，找不到學習對象。**

在能夠熟練的寫筆記前，沒必要強迫自己寫得很短。

最重要的是能清楚地理解意思，不要拘泥字數，稍微長一點也沒關係。太過執著於要寫得很短的話，會破壞閱讀的語感，隨著時間慢慢訓練自己凝鍊語句的技巧就可以了。

關於「網路上能搜索到答案就夠了」這件事

建議特別要記下來的筆記擁有以下四個特點，但任何事物，其實也都符合這樣的規律：

①專有名詞（人名、地名、商品、服務名等等）

「琳達·葛拉頓」、「橿原神宮」、「蒙特梭利教育」

②數字（金額、日期、尺寸等等）

「12億元」、「1969年11月8日」、「3776公尺」

③法條、專業用語等等

「預定」、「班傑明·富蘭克林效應」

④經典名言

「人會用複印來說謊」（谷山雅計[20]）、

「全員贊成的點子不能稱為創新」（濱口秀司[21]）

這些東西如果不用筆記記錄，以後會很難回想起來。

當你說出的情報內容非常詳實可靠，就會成為十分具有說服力的武器。

與其說：「曾有歐洲的經營學者說過，未來會邁入高齡化的社會。」

還不如說：「英國的琳達．葛拉頓[22]教授曾說，人類平均壽命一百年的時代即將到來。」

兩相比較，後者更有說服力。

「我們需要大量的投資金額。」

還不如說：

「必要的投資額是12億日圓。」

這樣表達的話會更好。

像我這樣常常寫筆記的人，如果忘了記下在意的情報，就會一下子忘光光，最後不斷出現「我想說的是什麼？」這種尷尬情況。

「唔，好像有話卡在喉嚨裡出不來~」一旦我們陷入這樣的苦惱，就會想說過一陣子就會想起來吧，但最後通常多是放棄思考。特別是流行語的片假名[23]，如果不做筆記的話一定會忘記，在寫專欄文章的時候，這會讓人感到十分懊惱。

看到自己不知道的專有名詞時，會不知道該把筆記寫到什麼程度，大部分的專業用語都可以在網路上找到，「反正把關鍵字寫下來就對了」，這樣說好像也沒錯。無論如何，先搜尋一次，搞清楚意思，這個步驟絕對是必要的。

---

20 一九六一～，日本廣告公司名人，知名文案寫手。

21 日本知名的商業領域創意概念開發者和戰略家。

22 Lynda Gratton，一九五五～，倫敦商學院管理實踐教授、HSM Advisory創始人，研究主題為「組織行為學」。

23 日本的外來語多會使用既有單字組合，並用片假名呈現，這類單字以流行語為主，經常出現在一般朋友間的對話，或是流行刊物、網路報導等。

盡可能找到寫下來的方法

用縮寫來提升速度

在研討會上記錄說話者的發言時，不管寫得多快都趕不上說話的速度，雖說輸入筆記的重點是自己看得懂就好，但實際的操作還是有相當的難度。因此，製作能提高書寫速度的縮寫與自己專屬的記號就會很方便，這裡為大家介紹四種具體的方法。

提升速度的秘訣① 英文縮寫用2、3個字母表示

HONDA的STEP WAGON就寫成WGN，只要去掉母音就可以寫得很短，用相同的思維套用到其他的單字上，看看能不能用最少的字母來重現單字。

提升速度的秘訣② **製作類似㊣的暗號文字**

機密文件都會用暗號表示，尤其是把一個文字用圓圈起來的方式，也是提升速度的做法。

提升速度的秘訣③ **使用簡體字，製作專屬縮寫**

很多人會把複雜的文字用簡體字書寫，例如國家的国、個人的个，筆劃越多越麻煩，反正只要自己看得懂就可以了，所以盡量用縮寫會比較好。

提升速度的秘訣④ **在看得懂的基礎上縮寫**

「革新」[24]或「合作」[25]等字的日文片假名很長，寫的時候只要取開頭，寫成「ㄍㄒ」、「ㄏㄗ」類似這種形式就好。

24 原文：イノベーション（innovation），縮寫成「イノベ」。
25 原文：コラボレーション（collaboration），縮寫成「コラボ」。

◎英文單字用 2、3 個字母縮寫

- 研討會 → SIMINAR → SMR
- 書籍 → BOOK → BK
- 教育 → EDUCATION → ED

◎製作暗號文字

- 會議 → MEETING → Ⓜ
- 確認 → CHECK → ©
- 未處理、未定案 → (未)

◎使用簡體字，製作專屬縮寫

- 職 → 职
- 慟 → 恸
- 機 → 机
- 權 → 权

◎在看得懂的基礎上縮寫

- 會議 → ㄏㄧ
- 合作 → ㄏㄗ
- 認知心理學、學習心理學、行動心理學
  → 認知心理學、學習〃、行動〃

未來回頭看筆記本時，稍微回想一下自己經常使用的詞彙，很快就能想起來。把頻繁出現的語句進行縮寫，寫筆記就會變得相當輕鬆。

「黏貼」也是很好的筆記方式

筆記不需要全部自己手寫。

有時將新聞與資料剪下來貼上就可以了。

「在意的報紙新聞」、「設計得很好看的雜誌照片」、「好看的電影與美術館的票根」、「麥當勞餐巾紙上的名言金句」等等。

把這些全部一鼓作氣貼進去吧，所有的素材都能成為很好的輸入筆記。

剪貼就不會有寫錯的問題，所以也令人放心。

比起用手將筆記本寫得滿滿滿，貼著各種資訊片段的筆記看起來會更有趣。

剪貼的好處也不僅是有效率而已。

比起排列整齊的文字，若每一頁都能產生視覺上的變化，也會讓人容易產生聯想。

更重要的是，如果想用知識來刺激靈感，剪貼的觸發性也會更強。

不過要注意，剪貼的時候，報紙與資料要記得露出標題與重要內容。

如果剪下來的紙片上沒有日期和資料來源，就要手寫註記上去，使用資訊的時候，把握來源是非常重要的。

而且，還有一件事希望大家務必做到。

那就是寫下對情報的心得感想，「心得」的部分會在接下來的Chapter 3中詳細介紹。剪貼下來的情報還不是你的東西，透過寫下自己的發現，才能知道「重點在這裡！」，也才能真正成為你的知識。

如果沒有在剪貼處記錄心得，之後重看時可能會覺得：「這篇報導是為什麼貼上去的？」

有時手寫筆記也會出現這種狀況，但剪貼筆記就更容易發生了。只要在報導旁邊的空白處簡單註記一下即可，因此同時也要養成手寫的習慣，如此才能讓剪貼這個動作真正產生效用。

用手機拍攝情報來源的照片

覺得剪報很麻煩的人，我建議可以用智慧型手機把報導拍下來的做法，我自己就常常這樣做，既省事又方便。

具體的做法是，看見想要的情報時，無論是書籍、報紙、雜誌還是電視節目，都用智慧型手機拍下來。這樣一來，日期等資料數據都能完整保留，然後再把這則情報的重點用一、兩行字寫在筆記本上，以後只要使用關鍵字就能輕易找到（當然日期也要寫下來）。

接著還要在筆記的最後加上標記。

這是提醒自己：「這是用手機拍下來的照片。」

以後只要翻開筆記本，看見那粗略的一行字，就可以回想起自己用手機拍下來的情報，再用日期檢索就能輕鬆找到原始資料了。

Chapter 2 總結

- 條列書寫，找到情報的核心
- 不要寫得密密麻麻，保持留白
- 善用縮寫、剪貼、照片，讓自己更加輕鬆

Chapter 3

添加自己的發現

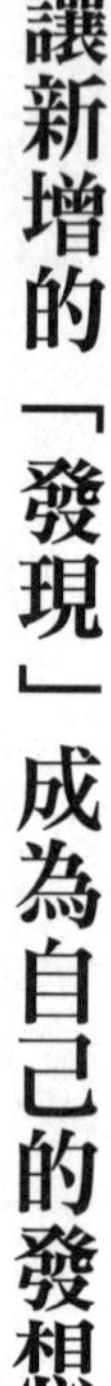

讓新增的「發現」成為自己的發想

接下來終於要進入本書前半部分提及的重要內容，也就是輸入筆記最重要的第三要點：添加自己的發現。

對我們來說，這才是情報真正的價值所在。「我能做到這種程度嗎？」或許你會這樣自我懷疑。請不必擔心，且聽我娓娓道來。

為情報賦予意義

最基本的要求只有一點，那就是：**寫筆記的時候，加入自己感受到的「發現」**。

「發現」這個說法可能會讓人聯想到靈感之類具有獨特性的東西，但其實沒有那麼複雜，我單純是指腦中浮現的想法而已，比如說「可以作為培育下屬的參考！」、「不要因為別人態度上的落差而哭泣」等等，寫下這種簡

在情報中加入自己的發現 變成「自己的東西」

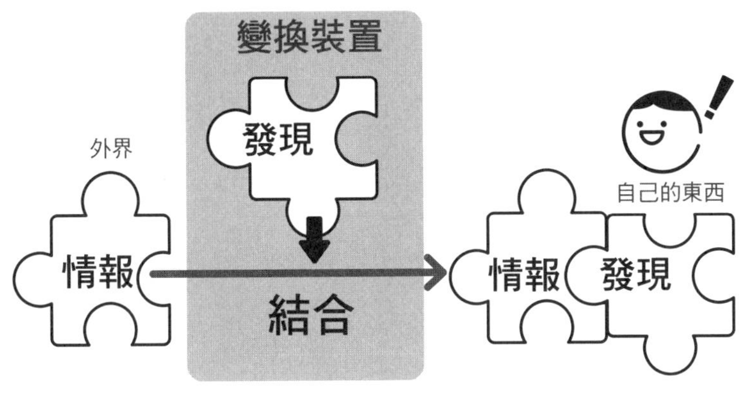

單的評論就好。

只要加入這樣的心得，就能讓養分的吸收度出現變化。

寫筆記時記下的情報，實際上是由內而生的產物，因為發現就是一種自發行為。

在獲得的情報中增添自己的解釋，就能將情報順利內化，而且收效顯著。

這就好比我們把食物吃進嘴裡，還得經過腸胃才能吸收是一樣的道理。只是把情報寫進筆記本，並不代表已經理解並轉變成屬於你的知識。

很多人都很困惑說，我把筆記寫好寫滿、無所不記，但為何都沒有什麼成果？這是因為，你沒有把筆記裡的情報化為可用的知識，真正變成自己的東西所致。

情報是指「客觀的事實」，心得意謂「主觀的解釋」。將自己接收到的外界客觀事實，用主觀的解釋來賦予意義，如此才能獲得嶄新的思考模式。

在情報的旁邊或是下方寫下：

▼

☆

↓

這些標記。

當然，我們沒有必要注意所有的情報。

即使得到的情報已經過整理，也要寫上一、兩句心得，但不必寫太多或是太拘泥寫法。

不過在接收情報時，**要靠自己的大腦，去思考哪些部分是值得我們挖掘的資訊。**

KOKUYO每年都會舉辦一次介紹辦公室環境的成果發表會，會中主持人曾有過巧妙的即興發揮，這讓我忍不住想記在筆記裡。

當時在擁有一百個座位的寬敞會場裡，許多人不知道要坐在哪裡，於是主持人說：

「發表會結束後將會參觀辦公室，進場順位是從前面的人開始排序，所以請大家盡量往前坐。」

拜這段發言所賜，與會的客人全部往前面的座位集中了。

每個來參加發表會的人其實都想坐在舒適的座位，如果被舉辦方要求坐在前面的話，肯定會說：「為什麼要把我們擠在前面！」然後心不甘情不願地往前移動。

將兩種情況相互比較，我認為主持人的表現非常機敏，在寫筆記時就先註記「▼」，並寫下了這樣的心得：

標記

- 主持人把參觀辦公室的人引導到了前面的位置

▼利用先進場的好處，巧妙引導客戶

在情報之後寫下：

- **自己的想法**
- **自己的感受**

像這樣的心得，就能把情報化成自己的東西確實吸收。

如果只是寫成一句「巧妙地把參加辦公室成果發表會的人引導到前排位

置」，那這件事就只會變成聊天時的一個話題而已。

在筆記上寫下自己的想法，「為對方分析利弊，使引導更順利」，以後換我來主辦研討會時，若想順利引導人群，就可以運用這種「展現好處，在不引起反感的情況下，讓對方自發行動」的技巧。

先從一句話開始，把感想寫出來就可以了

話說得很簡單，但自己真的能發現重點嗎？你或許會這樣擔心。

這裡所說的「心得」，可能會給人一種「得到了靈感」或是「特別的點子」的感覺，但其實並不需要太過要求自己。

不要想得太誇張，只要記下「自己想到的事情以及感受」就可以了，重要的是把心裡的想法化成文字。

例如：

標記

- 營業額320萬元，達成率86%
- ▼夏天總是沒有達成目標，應該改變行銷方式嗎？
- 從加藤先生手上取得資料，得到老闆許可
- ▼超開心，得到幫助讓感謝變兩倍
- 上班族川柳先生「為了增加提案效率，每天加班」
- ▼批評時多一點幽默感較容易讓人接受
- 平等院鳳凰堂[26]的側邊走廊沒有實用性
- ▼虛有其表，只是在浪費空間
- 女兒說，要買冰淇淋犒賞自己，但如果成績不及格冰淇淋就得給媽媽吃
- ▼糖果與鞭子都自己準備好，好厲害！

比起單純寫下情報，多花一點心思，就能產生大腦正在運作的感覺。養成寫心得的習慣後，**就能提高語言能力，進而提升溝通能力。**

在會議上被徵詢意見時，有人會煩惱沒辦法把心中的想法巧妙地表達出來。

這些人與其說沒在動腦，不如說是因為疏於練習，才會顯得詞彙貧乏。舉例來說，如果碰到「非正職員工待遇不佳的情況難以改善」這樣的話題，當被問到自己的想法時，可能只會說出「這真是糟糕啊」這種沒營養的回答。

但如果平時有在關注外界情報，並且養成提出自己想法與感受的習慣，就能不斷磨練我們的表達能力。

「非正職員工的優勢就是自由度高，這種工作方式雖然有其魅力，但員

26 平等院是位在京都的佛寺，鳳凰堂中彙集了無數的國寶文物，於一九九五年被聯合國教科文組織指定為世界文化遺產，日本十圓硬幣與萬圓紙鈔上的圖案建築即來自鳳凰堂。

工的能力得不到合理評價」、「應該在保護企業利益的同時，思考如何制定公正的評量制度」，這樣的「個人想法」才會顯得言之有物。

提高觀察力、拓展視野的方法

下面介紹三個提高觀察力的訣竅，常常沒有想法而對寫筆記感到苦惱的人，可以參考看看。

①要注意「差異」

因為「不同」，才會讓你因為注意而開始「發現」。

這與「普通」不同。

與「以前」不同。

也與「我想的」不同。

我們必須開啟雷達，偵測出這些不同是什麼。

接觸到任何有用的事物或情報時，要思考它「和平常所見的其他事物哪裡不一樣？」透過這樣的對照與比較，寫筆記時就更能掌握情報的價值與特徵，接著就能將你的發現轉變成文字寫下來。

例如，線上會議變成常態之後，居家工作理所當然就成了生活的一部分，這與面對面開會有什麼不同呢？

「面對面比較方便」、「用網路就能傳遞資訊，這樣就能工作了」等等，所謂的發現並不是這麼膚淺的東西。

「因為看不見表情，檢討批評會變得更嚴厲」、「無法騰出空檔讓新人發表意見」、「因為沒有白板可寫，被迫要用共享畫面」……透過仔細比較，就會發現線上會議具有這些左右生產力的影響因素。

②要注意提高「觀察的量」

為了提高品質，把量能提高也是很重要的一件事。

想要發表關於繪畫的意見，你需要看過更多的畫作。

想發表對葡萄酒的意見，你需要平常多品嚐不同的酒。

當討論的話題是同事們的工作以及想要完成的目標時，就需要大量的觀察與經驗的累積，再透過筆記的書寫，讓自己的工作品質變得越來越好。

作為研討會的講師，我經常要在人前說話，所以必須學會觀察氣氛與觀眾的反應，因此每次演講完都必須用筆記寫下今天的心得。

我發現，「使用投影機的時候，把亮度提高可以讓聽眾更不容易睡著」、「就算場地狹小，只要使用麥克風說話，就能抓住聽眾的注意力」，有了這些心得，讓我對研討會的主持越來越得心應手。

③要注意「提高視角」與「拓展視野」

人類想像力最大的優點就是：能夠改變看待事物的角度與方式。

「視角」是指觀看的角度位置。

「從主管、社長的立場來看待這項情報，會有什麼想法？」即使對自己來說，思考這個問題沒什麼意義，但也有可能對公司的其他人產生幫助，所

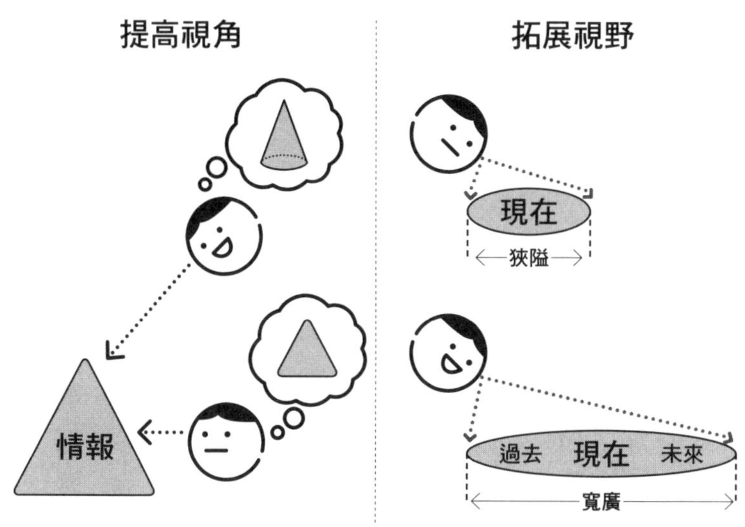

以請多多留心視角的高度。

「視野」則是觀察的範圍廣度。

「不能只看現在的市場，是否也應該考慮一下我們沒有接觸的客群？」

「對現在的客群雖然沒有吸引力，但說不定能用來開發新客戶。」

「短期內雖然不可能實現，但可以考慮作為中期目標。」

以上種種，就是把眼下所見的空間與時間作為參考的情報，以拓展思考的範圍，進而獲得有價值的新發現。

例如下面這則新聞在討論正職與非正職員工的薪資差距：

「正職員工的平均時薪是兩千零二十一圓，非正職員工的平均時薪是一千三百三十七圓。」

當你看到這樣的情報時，會發現什麼？

若從自己的角度來看，會覺得「當正職員工真是太幸運了～」或「如果跑去兼職，可以多一份時薪一千一百圓的收入」。

但從主管和經營者的角度來看，可能會注意到「兩名正職員工的薪水，可以請三個非正職員工」、「公司內有多少業務可以交給非正職員工來處理？」這樣的事情。

只要進一步拓展視野，就會開始注意「應屆畢業生與打工者的採用率該如何配比」、「把工作交由亞洲各國代工對成本的影響又是如何」，這些因素也會納入考慮。

從書中獲得發現

用讀書來思考如何提升腦力

想要學習時，最好的手段就是透過讀書，可以得到最優質的發現。

不僅增加可用的知識，也能夠對自己的「想法」進行更新，讀書可說是最有效的手段。

不過要注意，不要對書上的情報囫圇吞棗全盤接受，要一邊提出疑問，一邊找出答案。

如果自己長久以來的常識與固定印象被動搖的話，試著對作者提出質疑：「咦，這裡寫的跟我想像中完全不一樣，這是為什麼呢？」

把讀書這件事，升級成辯證法的應用。

察覺自己的想法與作者不同，進而**提出疑問**。

對於問題，試著**從書中找出答案，並自問自答**。

接著再**引導出新的想法**。

我認為像這樣的行為，才是真正意義上的從書中找到發現。

因此，「該如何運用輸入筆記，來對書的內容一邊提出疑問，一邊進行思考」，這件事就變得十分重要。

「為什麼會有這樣的想法？」

「以什麼作根據，才能得出這個結論？」

「道理我都懂，但如何才能順利進行？」

「這件事要從什麼角度思考？」

「這個主題的核心問題是什麼？」

像這樣一邊提出問題，一邊從各種角度思考，構築理論再打破。

對於成人來說，從書中學習不是像學生時代那樣強制性的填鴨教育，而是持續對自己的「想法」提出「新問題」的過程。

隨著不斷學習，提問的能力會得到磨練，產生更加優質的發現，為了讓這種學習的良性循環持續下去，我們更要留意寫筆記的方式。

在書中的內容加上自己的發現

關於書的內容，具體該如何記下來呢？

嘗試了各種方法，最後卻把自己累垮，因為怕麻煩就只在書上畫線的人很多。

所以我想推薦：

- **直接在書上畫重點**
- **直接一邊讀書，一邊在書上寫筆記**

這兩個方法。

可能有人會覺得這樣做破壞書本，但如果花了時間讀書卻沒有吸收，才是更糟糕的結果。

最後在筆記本上，用幾行字寫下「這就是重點！」的心得作為筆記。

重要的是，進入金山時要帶出金塊。

因此，要在有金塊的地方做記號，以後再回來尋找時，才能有更多的收穫。

在重點的部分畫線，並把自己的心得與疑問寫在空白處，接觸作者想法的同時，做出簡單的筆記。參考了哪些資料、嘗試思考了哪些事情、有哪些感受……等等，建議大家直接把筆記寫在書上。

例如我在閱讀《具體與抽象》[27]（細谷功[28]著）時，在「山寨」與「創新」的區別章節中，對這一段話畫線：

> 模仿先進企業與競爭對手的行為，抄襲的程度如果在可見的設計與機能範疇，那就是單純的「山寨」。（中略）如果只是模仿「內在抽象的概念」，即使大家都能具體看出來在抄襲，也能脫穎而出成為「嶄新的創意」。
>
> 《具體與抽象》（細谷功著）

並在線的旁邊寫下：

「可以從家具業界以外的領域進行分析並模仿」

這樣的筆記。

不要單純只與KOKUYO的競爭對手作比較，而是在家庭生活用品等相關領域中，得到對於辦公室家具的靈感，之後再對市場做進一步的調查。

對於有疑問的部分，也要把想法寫下來。

我在《具體與抽象》中，也對以下的部分畫了線。

27 『具体と抽象—世界が変わって見える知性のしくみ』，dZERO，二〇一四。

28 一九六四～，東京大學工學系畢業，曾在東芝公司工作，後任職於安永（Ernst & Young）諮詢顧問公司（Zacatii諮詢顧問公司前身）。負責以製造業為中心的產品研發、行銷、業務、製造等領域的策略擬訂工作。

上位者（決定概念與全體構成的位置）需要重視個性，「如何鎮住全場」非常重要，多數決只會動搖決策，決策時需要徵詢多數人的用意只是為了「名正言順」。

《具體與抽象》（細谷功著）

並在線的旁邊寫下：

「這種做法能夠維持團隊的平衡，讓成員保持參與的熱情嗎？」

這樣的疑問。

確實在決策時由一個人決定比較好，但相較於一人指揮團隊，大家都能參與決策的話，之後對於工作的熱情也會提高，讓工作順利進行。

像這樣把書中學到的知識與實際業務的差異，作為問題提出並寫下來，在團隊工作項目中，可以一邊思考如何決定項目的進行方向（概念），一邊和成員找到合適的分工方式。

藉由在書上畫線與評論，書本就能成為所有人的筆記本。筆記本上只要寫這本書最重要的結論就好，以後想再次複習的時候，回去翻書就可以了。

那麼，作為總結的部分，筆記本上的讀書筆記該怎麼寫呢？要注意的是只需要抽取出真正的精華，往這個方向去想就好。

要記錄的內容有以下五點：

- **書名**
- **作者姓名**
- **日期**
- **這本書中最重要的三個重點**
- **讀後心得**

記筆記時，與其把原文原封不動地寫出來，不如只截取出對自己有用的部分就好了。

把內容總結成一行，但必須包含完整的意思。真的不行的話，用兩、三行來寫也可以。

下面的筆記，是我在筆記本中寫下關於《具體與抽象》的部分：

讀書筆記

《具體與抽象》讀書筆記 細谷功 著 20XX/06/21

- 具體＝善，抽象＝惡，這種刻板印象是一大誤解
- 工作中，上位者重要的是個性、氣勢，下位者重要的是體系化、標準化
- 抄襲是模仿外表，分析是模仿概念

▼跟對方談不來，是因為彼此的抽象落差

可試行具體與抽象的交流方式

心得超過20個字時，就分成兩行來寫就好。

寫心得的時候，可以把想要摘錄的內容寫進去，也可以全部只寫自己的想法。最後，在把整本書的「總結」，用自己的想法寫下來就好。

只是所謂的「發現」，必須是自己從書本中，真正把知識（思考力）轉化成養分的結果。一邊著眼於如何把內容轉化成成果，一邊注意自己行為的變化是很重要的。

將發現轉成輸出，並成為自己的武器

將具體的情報建立抽象模式再行吸收

從你的發現中，整理特別在意的部分，可以找到抽象化的模式。

你可能會覺得抽象化是一個很難表達的概念，簡單來說，就是從幾個事例中找出共通的模式。

「法則」、「理論」、「定石」[29]、「訣竅」、「一般化」等說法可能更好理解。

日常生活中，有過「啊，經常發生這種事情」、「原來如此，這種情況會演變成這樣的結果嗎？」等經驗嗎？

找出這種模式，可以作為自己想要解決問題時的參考。

來說說我們邀請日本雀巢的竹內雄二，到KOKUYO發表行銷研討會時的故事吧。

當時聽到了關於「KITKAT[30]草莓口味的開發秘密」這種趣聞，剛好可以用來解釋抽象化的發現是什麼樣的概念。

當時，竹內先生負責「KITKAT」的經營企劃，用批發商的角度來對量販店以特惠價格出售，但他並沒有採取任何措施來幫「KITKAT」做行銷。因此當推出草莓口味的「KITKAT」時，遭到來自公司內的強烈批判。

竹內先生遭遇這樣的挫折並沒有感到氣餒，而是提出了地域期間限定的手法，爭取到在北海道銷售的機會。

結果產品銷售一空，取得了巨大成功。

於是營業部的人相當不服氣，催促竹內下次「想做什麼口味？」

你能從這篇故事中得到抽象化的發現嗎？

29 又稱「定式」，指圍棋中經過棋手們長久以來的經驗累積，而形成在某些情況下雙方都會依循的固定下法。

30 奇巧巧克力，日本雀巢旗下品牌。

我做了如下的筆記：

研討會筆記

◎日本雀巢　竹內雄二研討會

- 「KITKAT草莓口味」的發售，遭到社內批判
- 北海道的期間限定販售取得成功，被催促進行下一個企劃

▼創新的挑戰大多時候會遭到反對

▼找一個小地方進行實驗，可以證明效果

像這樣：

- **創新的挑戰大多時候會遭到反對**
- **找一個小地方進行實驗，可以證明效果**

透過這種抽象化的模式來吸收知識，以後只要出現類似的情形，馬上就能進行套用。

我想創新的做法出現時，遭到反對是很正常的事情，因此這個經歷十分有幫助。

從耳聞目睹的情報中，找出抽象化的模式，是一個抄襲他人做法的實用技巧。

眾所周知，「RED BULL」[31]抄襲了「力保健」[32]，打出了「喝了會變得有精神」的宣傳口號。

「辦公室格力高」[33]則參考了富山製藥的回收貨款模式，印表機與墨水閘的概念則來自吉列刮鬍刀[34]可拆卸刀片（耗材）的做法。

---

31 紅牛能量飲料，最早源自泰國，並在全球熱售的知名機能性飲料品牌。
32 リポビタンD，日本大正製藥推出的能量飲料。
33 office glico（オフィスグリコ），由日本知名的糖果公司格力高推出的辦公室零食販售櫃。
34 Gillette，寶潔（P&G）旗下刮鬍刀品牌，前身為吉列公司（The Gillette Company）。

乍看之下創新的想法，背後往往參考了很多東西，一邊想著能不能從平時接收的資訊中找到抽象化的發現一邊做筆記，就能不斷**儲備許多山寨版的靈感**。

透過「不」的發現，才能明白需求

抽象化的發現不僅僅是積極的索求。

負面的「不」，包括不滿、不平、不安、不方便、不順利、不合理，還有像是「這樣做會導致不滿嗎？」、「不行的組織，他們的共同點就是這個嗎？」等失敗的法則，也能成為「抽象化」的模式。

「不」的發現，可以帶來問題與需求。

例如：

「不」的筆記

- 演講開始的五分鐘內，出現了看起來很睏的人
  ▼是不是不要講太多大道理？
  ▼試著在開場講具有衝擊性的內容
- MTG[35]中，感嘆「下屬眼界狹窄」的主管
  ▼該從下屬的立場換位思考嗎？
  ▼想像下屬是如何看待工作的
- 電車誤點的廣播，「道歉」的表達方式很差
  ▼也許電車工作人員已經司空見慣，所以一點也不感到抱歉
  ▼播報者與客人的視角不同，也許並不覺得失禮

35 日文商業用語，「開會」（meeting）的縮寫。

以「不」的角度為出發點，就會發現以「不的原因為何？」、「該如何減輕不的負面程度？」這樣的思考邏輯，並將內容做成筆記。

將不滿、不平、不安記錄下來，很快就能發現自己在解決問題時，碰到的問題模式為何。收集「不」的行為，是將困難與問題抽象化的方法。

今後隨著需求變得更加多樣，**具備「發現問題」能力的人，比「解決問題」的人更重要。**

所有事物都逐漸變成飽和的狀態，需要透過思考來尋找問題，以及什麼問題需要解決，在這層意義上，掌握「不」的模式是非常有效的手段。

「有難以理解之勝，無難以理解之敗」是江戶時代的平戶藩主松浦靜山[36]的名言（曾任養樂多及樂天教練的野村克也[37]可能是把這句話發揚光大的人），正如此話所言，不順利的時候，正是因為陷入了某種失敗的模式之中。

為了發現這個模式，記下「不」的發現，將能獲得突破敗局的重要提示。

從非語言的概念中抽出發現

觀察行動，找出值得發現的事情

不曉得大家有沒有過觀察別人的行動，然後做成筆記的經驗？發現的來源並不限於文字與對話等語言資訊。人的行動、表情、動作也都是很好的情報來源，從這些地方找到問題與事物的本質，也能成為輸出時所需的發現。

為了得到有創意的發想，把非語言中的發現寫成筆記，在今後也會變得

36 一七六〇～一八四一，松浦清，號靜山，日本江戶時代中期至末期的大名、散文家、劍客，平戶藩第九代藩主。

37 一九三五～二〇二〇，日本知名職棒選手，曾任養樂多燕子隊、阪神虎隊，以及東北樂天金鷹隊的總教練，也是東北樂天金鷹隊的榮譽教練。

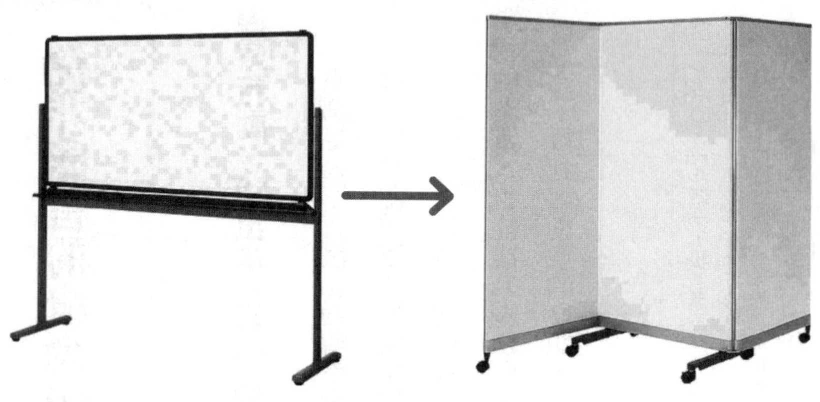

將會議中的發現商品化之後誕生的白板（右），
可將白板摺疊起來以節省空間。

重要起來，以下就來介紹該如何做。

最近在進行設計思考時，公司透過觀察用戶的行動，得出的發現也在不斷增加。

我從二〇〇〇年左右開始在KOKUYO負責上述的項目，於是開始拿著筆記本進行觀察，記下各種筆記本的使用情況與發現。

在現代社會這其實是很常見的做法，不是向被觀察的對象提問，而是透過觀察行動來感受對方的意圖與情感，然後把得到的發現記錄下來，接著分析為什麼會出現這樣的反應與行為。

其實，我當時透過發現得到的啟發，並商品化成功的就是「投影白板」，這個白板可以摺疊成三等分，打開後還擁有巨大的板面。這個產品的靈感是來自觀察會議中關於活化的討論，並在思考變化因素的過程中，突然想到的。

我把會議中觀察到的事情，寫成如下的筆記：

觀察筆記

- 討論熱烈的情況下，會不斷使用白板
- 成員會不斷交換意見進行說明
- 普通的白板十分鐘就寫完了

- 複印黑板[38]雖然記錄很方便，但很難參考對照
- ▼會議的流暢度很重要
- ▼如果有能不斷寫下去的白板會很方便
- ▼需要有收納大白板的好方法

「•」是條列出觀察到的事實，「▼」是從中得出的發現，寫成抽象化的問題與醞釀想法。

當時沒有智慧型手機，只用現代幾乎沒有在使用的複印黑板來書寫記錄。但如果要影印畫面，討論就會一直中斷，因此我才想到「要是能有不斷寫下去的白板就好了」，但如果有這麼大的白板，就無法在電梯與門中順利進出，因此才又注意到摺疊的問題與需求。

要重視違和感

像這樣的情形，我們在日常生活中也常常遇到這樣的情景：

- **早上起床的時候**
- **搭電車的時候**
- **從公司搬東西出來的時候**
- **向主管報告工作的時候**

透過記下「這是什麼、為什麼呢？」的想法，我們發現事物細微變化的能力就會提高。

下面的筆記，是我在日常生活中感覺怪異時寫下的紀錄：

38 可以讀取USB投影資料，也能連接影印機印出板面內容的黑板。

日常筆記

- 獨自走進沒什麼客人的家庭餐廳，卻被帶到狹窄的位置上
  - ▼並不是午餐前的熱門時段，服務卻不知變通
  - ▼因為服務不周到，所以客人都不來了
- 「用簡單的話來說」，會這樣講的人通常都搞得很複雜
  - ▼因為不會用簡單的方式表達，所以才要強調自己說得很簡單
  - ▼「很好懂」是聆聽者的感受，不是說話者的感受
- 坐FLEX[39]的車在十點抵達公司，但四點就下班回家讓人有點不安
  - ▼「制度」與「潛規則」是不同的東西
  - ▼如果主管帶頭四點下班，大家就能安心回去了

• 咖啡廳的收銀臺，不知道是要排成一列還是依櫃檯各別排隊
▼雖然風格時尚，但第一次光顧的客人會感到不知所措
▼有沒有兼顧氣氛與容易接受的裝潢方式？

在日常生活中，每個人都有過感覺不舒服的經驗。

只是過了一段時間就會忘了，並漸漸習慣那種「無可奈何」的感覺。我們常說要「質疑常識」，一旦覺得很多事情「沒辦法，就是這樣」，敏銳度就會變得越來越遲鈍。

因此，請養成在感覺不順心、不舒服的時候，就用筆記寫下來的習慣吧。遇到問題時就停下來思考，不要輕易用常識來說服自己接受，如此才能鍛鍊自己「發現」的能力。

39 フレックス，日本知名車商，有各式車種與二手車業務。

Chapter 3 總結

- 通過添加發現，讓情報變成自己的東西
- 只要是你自己的想法與感受，都能算是發現
- 透過「不」的發現，才能明白需求

Part 2

輸出筆記

將筆記變成原創發想的技術

邊寫邊想，也能夠集中思考

思考筆記是你思考的產物——無法下筆是因為沒有思考

終於要進入重頭戲了，從這章開始，將介紹關於輸出筆記的技巧。

在Part 1中，透過輸入筆記，我們記錄了每天接觸到的情報和遇到的事件。

按照筆記的準則，條列書寫，並附上自己的想法。

並在最後，以我自己的做法當作範例，進行了解說。

但如果只做輸入，而不能輸出為成果的話，知識也會逐漸腐朽，輸出就是把自己的知識**如何昇華成獨創性的思考**，接著就讓我來告訴大家思考的方法以及該如何做。

至今，我看過許多能做到優質輸出的人士，總結經驗，我發現這些人都有一個共通點，那就是他們**大多數都會邊寫筆記邊思考**。

他們並不是突然迸出點子，而是在筆記上反覆塗塗改改，「不是這樣、也不是那樣」地苦思琢磨。

哪怕是一份寫得乾乾淨淨的企劃書，也不可能是從零開始輸出的。

把大腦中對情報以及問題的感受寫出來，邊看邊想，慢慢生出企劃的雛形。

透過寫筆記，可以思考的前提全部羅列出來，再好整以暇地深入思考。

我就是總結了很多這類人士的方法，才整理出這套輸出筆記的技巧。

另一方面，不擅長思考的人往往不會在筆記本上寫筆記。

只寫了兩、三行，就對應該思考的主題以及前提條件感到困惑，於是停筆不寫，並開始「嗯……嗯……」、「該怎麼回答？」、「怎麼辦才好？」、「能不能讓我靈光一閃啊」的狀態，但靈感之神是不會突然降臨的。

最後就陷入了「嗯……已經搞不懂現在在想什麼了……」的窘境。

在此我們必須了解，「不將言語用文字記錄，就形同沒有思考」的道理，所謂思考，就是將腦海裡浮現的問題與印象變成語言，再加以深化的行為。

輸出筆記不是將答案寫出來，而是以自己的想法為回答寫出來。

「這可能很無聊」、「也許跟主題無關」，就算是這種想法也請先寫下來再說，因為任何想法都有可能成為下一個發想的起點。

一邊寫筆記一邊思考的最大理由是：人的腦中，通常會同時充滿許多念頭。

說起來，人類頭腦的魔術數字（magic number）是7±2[40]，也就是可以同時思考約七件事情（最近也有說法是4±1，超過四個就記不住了）。

這也代表，**如果不把想法寫成筆記輸出，很容易會在同樣的想法裡打轉，這是非常沒有效率的行為。**

而且在回溯記憶的時候，也會占用腦袋的記憶體，把用來思考的記憶體消耗掉了。

「咦，五分鐘前還在想跟這有關的事情，只不過稍微岔題想了別的事情，居然就忘了內容。」無形之中讓大腦感受到很多壓力。

只要按順序把事情寫下來，「啊，果然剛才想到的這句話非常重要啊！」就像這樣的感覺，如此一來我們就能集中精力思考每個部分。

輸出筆記的三個要點

雖然知道一邊寫筆記，一邊進行輸出很重要，但具體該怎麼做呢？

例如關於工作上內容：

- **思考職場改善方案**
- **思考新商品企劃**

40 典出美國認知心理學家喬治・A・米勒（George A. Miller）的論文〈神奇的數字，7±2：人類訊息加工能力的局限〉（The Magical Number Seven, Plus or Minus Two: Some Limits on Our Capacity for Processing Information），一九五六年發表於《心理學評論》（The Psychological Review）。

或是：

- **商品訪談時的營業談話**
- **整理好自己在會議上的發言**

輸出方式存在無數的形式。

但基本上都要能做到抽出問題、找到解決辦法，而最好的方式就是用筆記來進行思考。

輸出筆記的要點有三：

輸入筆記 要點① **將現狀全部視覺化**

輸入筆記 要點② **用自己的視角來整理問題**

輸入筆記 要點③ **建立系統性的解決辦法**

可能有人會覺得要同時掌握三個要點很困難。

很多人做事都是憑直覺進行，但思考需要有來有回，想打開潛意識中的黑盒子，就要透過這三個要點。

讓我來說明一下具體的筆記方法，讓大家更容易理解這些要點。

輸入筆記 要點① **將現狀全部視覺化**

對於正在思考的主題，把現在已知的情報全部寫在紙上。

「我們已知的部分是什麼？」

「有哪些限制？」

「思考的範圍需要多大？」

像這樣一邊寫筆記，一邊思考。

然後再確認「有沒有漏掉應該考慮的情報」，檢查自己的思考是否有所疏漏，寫下出現在腦中情報的過程，可以進行全盤檢視，作好萬全準備。

輸入筆記 要點② **用自己的視角來整理問題**

讓我們把腦袋淨空，好好看看我們所寫的筆記。

把內容逐一審視、斟酌。

「哪些是問題？」

「該如何解決？」

一邊看筆記，一邊自問自答。

同時以自己的視角，來安排情報的先後順位，用線將可能相關的東西連結起來，擴大思考。如此一來，就能拓展思考的深度與廣度，並找到問題的核心要素以及輸出主軸。

輸入筆記 要點③

建立系統性的解決辦法

「想法」與「企劃」的區別點在於兩者的結構不同。

在思考這樣做是否有趣的想法中，加入具體的步驟與表達方式，如此才能形成企劃，這也就是「輸出」。

「行動是否具體明確？」

「這個故事的魅力是否充足？」

「內容能被接受嗎？」

這些都是必須考慮的因素，即使是好的想法，如果不能傳達給別人也沒有意義，將想法組裝成能夠讓人直觀理解的做法，這樣才算是輸出完成。

滿足這三個要點的輸出筆記，就是支援你思考的最佳工具。

如何將輸入筆記連結到輸出筆記上？

雖然平時寫了很多筆記，卻沒辦法應用到輸出上。

應該很多人都有這種感覺吧？

會變成這樣是因為，沒有在輸入與輸出之間架起橋梁，無法將輸入筆記上的內容，連結到輸出筆記上。

而所謂的建立連結，靠的就是Chapter 3提到的「將具體的情報，建立抽象化的模式」。

雖然是老調重彈，不過讓我再幫各位複習一次，抽象化就是類似「法

工作做不好的人

寫了輸入筆記就自我滿足

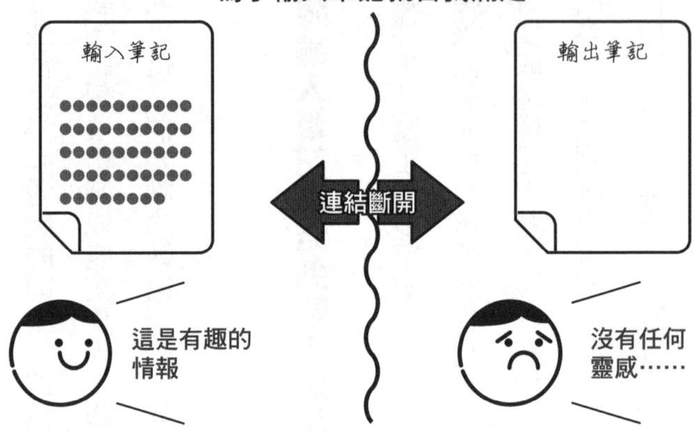

擅長工作的人

定期複習輸入筆記

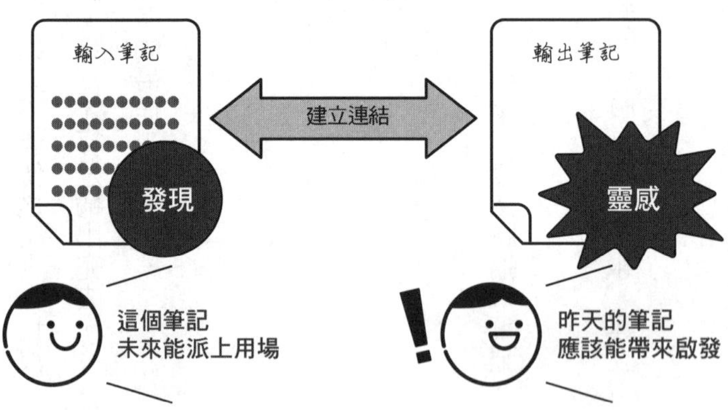

則」、「理論」、「成功模式」這樣的概念。

大家應該都會參考過去成功的經驗，接著從中尋找靈感，再制訂企劃對吧？

但是，如果沒有把這個模式用筆記進行整理，當你需要的時候，就很容易會忘記。

也就是說，想要把輸入筆記與輸出筆記連結起來，平常寫筆記的時候，就要加入自己的發現（抽象化模式），如此才能形成智慧的累積。

所以，平時經常複習所寫的筆記，**將萌生的想法放在記憶的角落裡是很重要的。**

實際上，擅長寫筆記的人，筆記本都是從不離身的。

就像廚師檢查進貨時的食材一樣，要養成閒暇時就反覆瀏覽筆記的習慣，在這個過程中，往往就能發現可以派上用場的情報，而解決問題的線索，往往就藏在我們的記憶之中。

例如，我在提出很有可能會被公司反對的創新企劃時，輸入筆記就能產生幫助。

因為我有從草莓口味的「KITKAT」事件中，將抽象化的發現做成筆記。

「新的挑戰遭到反對是理所當然的」

「先從小地方開始測試，證明效果」

想起這份筆記，不僅帶給自己勇氣，也能幫助自己找到努力的方向，讓想法付諸行動。

「可以利用這個模式，產生類似的作用」或「這個問題，不覺得跟以前發現的那個『不』的發現很像嗎？」可以將這樣的筆記分享給同伴。只要讓輸入筆記與輸出筆記建立連結，就能幫助自己更善於思考。

接下來，關於「將現狀視覺化」、「用自己的視角來整理問題」、「建立系統化的解決方法」等輸出筆記的技巧，我將在Chapter 4～6中，依序說明。

Chapter 4

將現狀視覺化

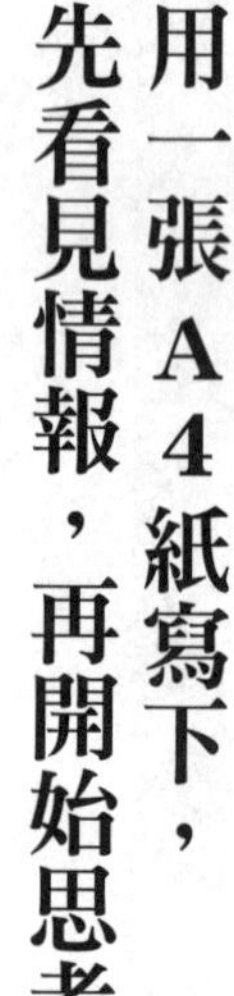

用一張A4紙寫下，先看見情報，再開始思考

輸出筆記最好使用A4紙張由左向右書寫

輸出筆記最好用A4紙來寫，因為文字可以由左向右書寫，擴展思考，就像這樣從左邊開始：

現狀→問題→解決方法

照這個順序來寫。

想寫成直書也可以，但是把「問題」寫在左邊，「解決辦法」寫在右邊的時候，會比上下排列來得順眼，越容易閱讀，就越容易幫助我們思考。

一個主題用一張Ａ４紙來寫是最基本的，原因是，這樣可以讓情報一覽無遺。

人無法同時記住太多事情，思考的時候，把不斷冒出來的想法寫下來，就可以輕鬆解決「哪個東西比較重要」、「把Ａ和Ｂ組合起來不就好了嗎」等情況。

想換成更大張的紙也不是不行，但Ａ４尺寸的優點是很適合在桌上作業，但也有些創作者與企劃人員會使用素描本來寫筆記。

一般的桌子深度大約70公分，而且還要放電腦，有時候還要留空間放包包，綜合這些條件，Ａ４紙是最適合的尺寸了。

若將Ａ５大小的筆記本攤開來，大小也跟Ａ４紙一樣，所以我覺得Ａ５也可以考慮（不過我個人對中間的折線感到很不自在）。

另外，雖然說一個主題用一張紙來寫是基本要求，但要思考的東西太多時，也只能使用複數紙張來寫了。

這種情況下，比起裝訂好的筆記本，能夠一張一張攤開在桌上的影印紙，使用起來更方便。

內容包括序章在內，**輸出筆記不使用筆記本也沒關係，影印紙就夠了**，使用影印紙來寫的時候，內心也較不會有負擔。

即使寫錯了，只要把那張紙丟掉就好了（就像電視劇裡作家們把紙揉成一團，丟進垃圾桶那種感覺）。

雖然有打廣告的嫌疑，不過KOKUYO有販售A4大小尺寸的「Campus活頁筆記本」（共有54頁）。

這個非常好用，因為有方格，所以即使在一張紙上把字寫小，也不會亂糟糟的，可以寫很多內容，是我非常推薦的產品。

如果是普通白紙，在你太過專心思考問題時，有可能因為文字寫得太大，沒辦法用一張紙寫完，因此也有很多KOKUYO的員工在寫企劃時，會選用這項產品。

不過每個人寫筆記時的考量各有不同，所以要多多嘗試，才能找到適合你的筆記本。

字很醜也沒關係，寫下來就對了，重要的是不要拖慢思考速度

輸出筆記的極限是，不要醜到連自己都認不出來就好了。重要的是不要拖慢思考速度，把想到的事情全部寫下來，不要為了字寫得好不好看，而降低寫筆記的速度。

在構思企劃、發想等創造性的思考時會進入一種節奏，「這個或那個都不錯耶」，想法會像雨後春筍一樣不斷冒出來。

這就是所謂進入極佳的狀態，最近流行的說法是進入「神定」（ZONE），如果好不容易進入了神定狀態，結果卻被寫筆記的過程拖慢速度，就可能會讓好點子溜走了。

我曾經在電視節目上聽林修[41]說過：**「很多東大學生的字很漂亮，但真**

41　一九六五～，日本補教名師。

正優秀的東大學生字都很醜。」

優秀的人會把能力都展現在思考上，筆記字跡的美醜並不是我們該優先考慮的事情才對吧。

前麥肯錫[42]的顧問大嶋祥譽[43]也曾在公開的發言中，提及寫字美醜的問題：

「**大前研一[44]先生的字也很醜**，果然腦子轉得很快的人，字如果寫太慢會有壓力吧，我想那些頭腦很好的優秀人才都有這種傾向。」

當然，不是要你刻意把字寫得很醜，速度才是重點。

我曾在Part 1中說過，輸入筆記是以後要再次複習的情報，所以需要多花點心思。

輸出筆記則與此相反，產生想法更為重要，最好能跟之後的企劃及行動連結起來，與其追求永久保存，輸出筆記更可說是一種「現場專屬」的筆記。

將一張A4分成三等分來運用

把思考的主題定為標題——確定思考的焦點

在寫輸出筆記之前，應該要先釐清思考的主題，並寫成標題，把現在開始思考的內容圍繞著主題打轉，才能找到達成目標的解決方法。

為了讓標題盡可能顯眼，可以在文章的開頭加上稍微大一點的標記，例如◆、■、◎等等，例如下面的舉例：

42 McKinsey & Company，簡稱麥肯錫，由芝加哥大學會計系教授詹姆士·麥肯錫（James Oscar McKinsey）創立於芝加哥的管理諮詢公司。

43 Senju Human Design Works董事長，高階主管教練、組織開發與人才培育顧問。

44 一九四三～，日本管理學家、經濟評論家，非營利法人一新塾的創立者、Ohmae & Associates公司CEO、Business Breakthrough公司CEO兼校長，曾任職於麥肯錫顧問公司，並擔任過馬來西亞首相馬哈地·穆罕默德的經濟顧問。

◆思考如何增加營業時的新客來訪數
◆制定有效提高會議效率的規則
◆如何讓櫃檯接待時，需要花費的時間減半？
◆讓社群網站註冊人數突破一萬人的方法
◆如何每天準時回家，保留更多時間陪伴家人

標題的用意，是為你的目標樹立標記。

就好像在你迷路時，指引你回家的記號，如果沒有為筆記撰寫標題，可能會經常發生思考脫離軌道的情況。

原本是在想「如何增加營業時的新客來訪數」，過了一段時間卻跑去想「如何統一說明書的設計」與「舉辦活動時整體的效率化」等問題。

人的思考是很容易離題的。

只要寫出標題，就會注意到「啊，就算統一說明書的設計，也不會增加新客的來訪數……」並輕易察覺自己的想法已經離題了。

改變標題也會讓思考的方向產生很大的變化。

例如受到新冠疫情的影響，開始遠端工作的公司。

如果經理覺得與下屬的溝通不夠充分，在考慮該怎麼做的時候，可以改變標題，例如把：

◆增加與下屬交流的方法是？

改成：

◆即使與下屬交流的機會變少，也能傳達想法的方法是？

針對不同的場合，思考的內容也會隨之改變。

你可能會猶豫該怎麼寫標題才好。

剛開始的時候可以寫得籠統一點，先在標題前方加上（暫定）的標記，在寫筆記與思考的同時如果發現不適合，就可以重新擬定一個新標題。

重點是，不斷檢視自己**「為了什麼目的寫下這篇筆記？」然後一邊自問一邊進行思考。**

在「筆記三分法」中，要依照「現狀↓問題↓解決方法」的順序思考

決定好標題之後，終於可以開始思考輸出筆記的部分了。

要注意，不要把太唐突的想法寫下來，按照「現狀」、「問題」、「解決方法」的順序來思考是非常重要的。

首先把現階段知道的事情全部寫出來，將情報視覺化。

這麼做的理由是，後續「可能會提出完全不符合用戶需求的方案」、「商品必須在企劃前了解有哪些限制」等情形，**如果沒有把前提事實列出**

來，那走上歪路的企劃就會變成無用的輸出。

因為我本身從事管理工作，所以每天都有機會檢查成員的企劃。我常常會看見「漏掉重大前提的企劃」或是「建立在偏門情報，缺乏說服力的資料」等會讓無數人覺得難以想像的情況。

特別是整理資料的人如果滿懷自信，主張「這是一個很棒的企劃！」就會讓我擔心會不會有什麼東西疏忽掉了。

在這種情況下，我也會向對方直言以告：

「不好意思，是不是有什麼地方沒注意到？若真是這樣，企劃是無法成立的，請再重新思考一下。」

為了盡量減少這樣的悲劇，我建議一定要把已知的現狀全部寫下來。這裡我推薦的筆記術是「筆記三分法」，就是先把紙分成三等份：

左邊1／3是「現狀」

中間1／3是「問題」

右邊1／3是「解決方法」

這種寫法的重點在於，能在思考問題與解決方法之前，就把現狀寫出來。

如此一來，通過製作三等分的空白欄位，可以避免在沒有確認現狀的情形下，搞錯推進問題的方向，畢竟人一看到空白欄位就會想：「是不是該寫些什麼呢？」

例如——

勞工代表在思考「如何減少加班」的時候，就可以在左邊1／3的「現狀」處寫上：

「現狀的加班時數」、「減少加班的目標數字」、「對加班想法的問卷結果」、「主管對加班的想法」、「其他公司的加班情形」……等等。

像這樣，把思考時必須考慮的前提都列出來。如此一來，只要看到一旁的文字，就不會偏離現在的狀況。

◆如何減少加班

現狀

- 現場加班時間 38h

GAP 23 h!

- 加班減少目標 15h

- 問卷調查不滿原因前3名
  - —人員挑選標準不明 79%
  - —開太多會 67%
  - —工作太多 57%

- 主管意見
  - —提案太花時間
  - —資料錯誤太多
  - —開會人數太多
  - —會開不完
  - —很難自己先下班

- 其他公司的情況
  - —A公司 減少開會
  - —B公司 用一張A4紙寫資料

問題

、不必要的工作能不能不做？

、沒有一套完善的人員選用標準？

◎沒有開會的章程？

◎準備太多沒用的資料？

、缺乏數位化？

、各部門之間的分工不夠明確？

、對提案品質的要求太嚴格？

、難以下班的氛圍？

◎努力的人得不到鼓勵？

比起工作量，對品質太過要求的環境是否才是根本原因？

我們公司做得到嗎？

解決方法

制定工作規則

、訂定會議&資料的處理規範

、盤點工作內容妥善分配工作

主管的意識改革

、主管可以提早下班

、召開分享會討論其他公司的做法

、減少加班的提案

人事總務部先行試辦

而在中間1／3的「問題」處可以這樣寫：

「為什麼加班時數增加了？」

然後再整理原因，尋找問題的答案。

若先思考解決方法，而不去探究造成加班的主要原因是什麼，就無法對症下藥。

「工作量變多了」、「工作方法效率太差」、「感覺下班時氣氛不適合準時走」……等等，情形不同，解決的方法也不同。

最後，在右邊1／3的「解決方法」寫上：

「問題能夠解決嗎？具體的解決方法是？」

這樣的內容。

一開始可能會把想到的方法都寫上去，最終決定實行時，必須思考如何變成系統性的做法。

誰來做、何時做、如何做？**在完成實際的企劃書之前，先製作企劃大綱**，這就是「系統性的思考」。

照著「現狀」、「問題」、「解決方法」的順序，可以讓所有輸出變成有效思考。

這三個部分的比例，會隨筆記的主題而有所不同，但在習慣之前最好先在紙上畫出兩條線，製作均等的三個欄位之後再開始寫筆記。

區分現狀中的「已知情報」與「未知情報」

「事實」為思考奠定了基礎

在KOKUYO裡屬於異類的竹本佳嗣先生，負責的工作是，為客戶提案共享辦公室及店鋪等空間的規劃。

竹本先生在討論企劃的時候，會先把各式各樣的數據，也就是事實寫在筆記本上。

- 對象區域的形狀、面積、方位、天花板高度、窗景
- 地理位置、最近的車站、乘客、建築物使用人數、用戶性質
- 周邊店鋪及性質的整理、大樓的剖面圖
- 街道的歷史、特徵、流行
- 服務性質、格局、行銷計畫

- 預期租金、初期投資額以及各項經費的估計

調查這些事情並寫上筆記本的過程中，可以看到能活用的情報，內心就能對提案的內容有具體的想法。

不管什麼樣的工作都是同樣的道理，唯有在事實的基礎上，掌握現狀才能做出成果。

如果是商品企劃型的工作：

「客戶數量是？」

「客戶的不便與需求是？」

「現在商品的優勢與劣勢是？」

「現在的價格範圍是？」

「提供服務的方法是？」

可以思考以上種種問題。

如果是業務改善型的工作：

「現在的工作流程是？」

「現在的工作量是？」

「現在的分工是？」

「發生糾紛、延遲的原因是？」

「工作所需的時間是？」

這些也都是能夠著墨的面向。

先把知道的事情寫出來，讓問題視覺化。

這些現狀總有一天會成為未來企劃時的前提條件，也可能成為影響決策的判斷依據。

如果你的思考是在模稜兩可、曖昧不明的情況下進行的，就會像在地基不牢固的地方蓋房子一樣，成為不被接受的輸出。

當你用心企劃、努力提案的時候，是否曾留意那些必要的前提條件與已知的情報呢？

不要太在意書寫的順序，請試著把腦中浮現的想法條列出來。詳細數據只要核對原始資料進行修正即可，思考時，只要一邊想著自己應該記下哪些內容，一邊把重點寫下來就好了。

如果不知道該寫什麼，請照著5W3H的原則來寫：

- WHY（例：為什麼這麼做？為什麼進展不順利？）
- WHAT（例：主要做什麼？發生什麼事？）
- WHO（例：誰是負責人？對誰的服務？）
- WHEN（例：要做到什麼時候？要在哪個時段做？）
- WHERE（例：在哪裡做？哪個區域是目標？）
- HOW（例：用什麼方法做？）
- HOW MUCH（例：成本是多少？）
- HOW MANY（例：數量是多少？）

把現狀的資訊寫出來，就能看清思考的方向與瓶頸。

只要將情報視覺化之後再開始思考，就能在頭腦清楚的情況下進行檢討。

該如何思考「未知情報」？

除了寫出現狀的事實之外，我希望大家能**再多寫下一件事，那就是現階段的未知情報**。

如果寫出已知情報後，卻仍然找不到問題與想法，那或許是因為你還沒把所有思考的素材都收集完成。

「還有什麼事情需要思考，但還不知道的情報？」一邊這樣自我探問，一邊用排除法把選項列出來試試看。

例如像這樣：

- **不夠了解**顧客的性質與需求
- **無法預測**競爭時對手的下一招

- **未能充分了解**成本結構
- **無法理解**主管的判斷標準
- **無法掌握**能用的素材是什麼
- 團隊的角色分工**過於模糊**

如此一來你就能明白不知道的是什麼了，如果少了這個步驟，在狹窄的視野中很難產生突破困境的靈感。

不需要去調查所有未知的情報，因為不是每件事都與輸出相關，但考慮到可能有你不知道的影響，還是需要多少留意一下。

這樣做之後，對於這些列出來的因素，就能更妥善地判斷應該調查哪些部分，也可以為了不浪費時間，用假設作為前提先進行思考。

如果不同步思考「已知情報」與「未知情報」，那麼不管做再多努力，就會像是備好了露營的木柴，結果卻忘了帶火種，最終無法生火一樣。

Chapter 4 總結

- 一個主題用一張Ａ４紙來寫
- 按照「現狀」、「問題」、「解決方法」的順序邊寫邊思考
- 通過筆記區分「已知情報」和「未知情報」

Chapter 5

用自己的視角整理問題

用筆記來提升思考的深度與廣度

重複「寫十條擷取三條」的寫法

輸出筆記的第二個重點是「用自己的視角整理問題」，這不只是分類整理資訊，也要考慮如何加入自己的觀點。

在製作企劃的時候，已經說明了不能唐突地加入新想法，那麼在寫下現狀之後，應該做什麼呢？首先要整理情報，找出應該解決的問題是什麼，不這麼做的話，就算想到有趣的點子，也不知道該怎麼套用到企劃中。

你可能會覺得，「話說得輕鬆，要確定問題是什麼也太難了。」

找到問題是輸出筆記的核心，這是最難也最重要的部分，如何做出屬於你的成果，就取決於這個階段。

在Chapter 5中，我想介紹一下整理問題、尋找發現的筆記術。

這大致可以分為三種：

- **擴大範圍、加深思考的筆記**
- **質疑常識的筆記**
- **產生共鳴的筆記**

讓我們照順序來看吧。

首先是「擴大範圍、加深思考的筆記」，從擴大範圍開始。

做法超級單純，**把能想到的東西寫出十條以上，再從中選擇三條。**經常列出十條以上的選項，就能看出其中三條相對重要的東西來，並可多重複進行幾次。

多數人在寫筆記的時候，會產生「果然覺得怪怪的，有沒有更好的切入點？」這樣的想法，因為書寫與選擇同時進行，結果導致思考無法推進。

在寫的時候，要集中精神來寫，選擇的時候也是，把注意力集中。

然後在一定程度上先縮小範圍，在這範圍內再次列出十條，選擇三條，反覆進行。

讓我舉一個實際的例子做說明：

我把這個方法也推薦給正在煩惱的同事以及下屬，有一天，某位三十歲的KOKUYO員工說：

「後輩A老是犯錯，根本不知道怎麼跟他合作，讓工作順利進行。」

他來詢問我的意見，並提出這樣的煩惱：

「如果把工作交給A，出錯率很高，但若是緊迫盯人又會被討厭。」

但此時此刻，我沒有唐突地給出建議，而是告訴他：

「不要埋頭獨自苦惱，試著先在腦中列出十個相關的問題吧。」

於是他開始「嗯～嗯～」的邊想邊動筆。

花了五分鐘，終於列出了十個問題。

和後輩A一起工作時的問題

- 委託工作時，無法期待可以按照指示完成
- 態度被動，只做交代的部分
- 提案的品質過低
- 不知道應該在什麼時候專心
- 雖然想信任他，但卻不自覺地用了命令語氣
- 感覺老是在等我的意見
- 企劃很籠統，即使確認過細節也無法進行回答
- 繳交前沒有確認過內容
- 陽奉陰違
- 沒有自己作判斷的能力

接下來，我說：

「那麼，從這十條當中選擇優先順序，試著把最重要的三項圈起來。」

讓他們找出心中最在意的部分。

「這條及那條說得不對，這兩條意思一樣，這幾條才是我想說的。」

他喃喃自語地選出了三條。

和後輩A一起工作時的問題

委託工作時，無法期待可以按照指示完成

- 態度被動，只做交代的部分
- 提案的品質過低
- 不知道應該在什麼時候專心
- 雖然想信任他，但卻不自覺地用了命令語氣

感覺老是在等我的意見

- 企劃很籠統，即使確認過細節也無法進行回答

繳交前沒有確認過內容

- 陽奉陰違
- 沒有判斷的能力

在完成這個部分之後，他的表情已經輕鬆許多，並自己找到了答案：「雖然我們之間有很多問題需要面對，但先從和後輩討論報連相[45]的做法開始吧。」

由此可見，**只要提出問題，就會產生解決的構想。**

45 日文企業裡最注重的「報、連、相」，發現「報」就是「報告」；「連」就是「連絡」；「相」就是「相談」，也就是中文裡的「商量」。

想要一口氣找到問題的關鍵點很難，所以需要先擴大思考，把想到的東西條列書寫下來。

一般人在寫的時候，大概三、四條就差不多了，如果想要一次寫出十條以上，就要不斷想著「還有其他沒發現的事情嗎？」讓思考不斷擴大。

若以列出十條為目標，最後通常都能列出七～十五條左右，多數人也可以在十分鐘左右完成。

好好檢視寫出來的項目，就會發現其中有很多相似的內容。但這樣一來就能看見問題的全貌，然後從中選擇優先順序，進行問題的深究，如此一來就能找到解決問題的頭緒。

用「八個問題」和「四個解決方法」來擴大思考

話雖如此，但還是有人會覺得「擴展思考、寫出各種原因」很困難吧？接下來將為有這種煩惱的人介紹一下「問題」與「解方」的常見模式。

產生「問題」的主要原因有八個：

①沒有規則

②做法效率低

③沒有相關技能

④沒有時間

⑤沒有錢

⑥沒有檢查

⑦溝通不夠充分

⑧責任歸屬不清

從這些方向去思考，可以找出大部分的問題。

例如行銷部門的提案，品質十分低落，訂單一落千丈的時候：

①沒有規則↓提案書沒有標準格式

②做法效率低↓缺乏制式的提案格式，每次都要從零開始擬定

③沒有相關技能↓沒有人有製作資料的相關知識
④沒有時間↓工作很忙，沒有時間安排提案
⑤沒有錢↓沒有外包提案書的預算
⑥沒有檢查↓主管沒有事先檢查提案書
⑦溝通不夠充分↓行銷和開發部門沒有考慮聯合提案
⑧責任歸屬不清↓負責人擅自判斷提案書的預估金額

像這樣，很容易就可以發現問題的所在。

接下來是「解方」的部分，共有四個思考方向：

①**減法發想**（能不能找到停損點？）
②**乘除法發想**（能不能改變比例？）
③**＋／－逆數發想**（反過來想，能不能改變順序？）
④**意外的加法發想**（能找到全新的組合嗎？）

實際應用，大概是這種感覺：

①減法發想（能不能找到停損點？）
↓告知採購部停止業務，讓行銷部門有重新考慮的時間
↓停止個別提案，只做標準提案

②乘除法發想（能不能改變比例？）
↓提案書的照片增加2倍
↓將資料的內容減少一半

③＋／－逆數發想（反過來想，能不能改變順序？）
↓提案書的說明順序，先從實績介紹開始，而非原理理論
↓取消「推進型」（Push）的提案，改成「吸引型」（Pull）的說明會[46]

46 日本的經營戰略有分「推進型」（プッシュ型）的積極策略，以及「吸引型」（プル型）的被動吸引客人上門兩種。

④意外的加法發想（能找到全新的組合嗎？）

↓將提案用影片的方式呈現

↓提案時一定要附上樣品

當然，想法不一定都要實現不可，只要有機會成為思考的提示，就有書寫的價值。如果想要擴展你的思考面向，請務必嘗試看看。

用「WHY↓HOW」提問，尋找解決方法

接下來要介紹的是加深思考的方法。使用「WHY↓HOW」法來寫筆記，就會用到「WHY」、「HOW」、「↓」這三個組件。

你有沒有覺得「雖然寫了很多問題，但都只看到表面」，這種時候，想要對一件事情深入思考，掌握正確的筆記術會很有幫助。

加深思考的方法有兩種。

一種是挖掘問題的「為什麼？」（WHY）

另一種是找出具體解決方法的「怎麼做？」（HOW）

比如說，前面曾提到「如何跟不斷失誤的後輩一起合作的煩惱」時，即使深入挖掘，也會陷入「誰才是問題？（WHO）錯在我還是後輩？」的盲區裡，這就不是良性的思考方式。

「發生什麼事？」（WHAT）、「什麼時候發生？」（WHEN）、「在哪裡發生？」（WHERE）……等等，這些問題都是把握現狀之後才能進行的思考，此時你再怎麼反覆自問自答也找不出答案。

但是「WHY」跟「HOW」卻可以反覆思考。當你不斷進行「為什麼？」「怎麼辦？」「為什麼？」「怎麼辦？」「為什麼？」「怎麼辦？」這樣的過程，思考就會逐漸加深。

用「箭頭」來串聯「WHY」跟「HOW」，就能讓思考的流程視覺化。

例如前面提到的「該如何跟不斷失誤的後輩一起合作的煩惱」，可從中抓出一個問題作為出發點，試著深入思考看看：

筆記

- 委託工作時，無法期待可以按照指示完成
  ← **為什麼？**
- 已經按照我的指示來做了
  ← **為什麼？**
- 想要嘗試自己的做法
  ← **為什麼？**
- 自尊心強，不喜歡照著別人說的去做

像這樣使用箭頭做深入思考，就能在探索問題的核心時，找到解決問題的重點。

接著再用箭頭來加深「怎麼辦？」的思考：

筆記

- 自尊心強，不喜歡照著別人說的去做

←**怎麼辦？**

- 尊重他的自尊心，事前檢查工作品質

←**怎麼辦？**

- 明確告知他工作目標，讓他決定做法之後隨時報告進度

←**怎麼辦？**

- 把工作的整體情況與日程表寫在紙上，共同分享

像這樣把思考集中在「怎麼辦？」這個步驟上，就能不斷地想到具體的做法。

原本的問題是「委託工作時，無法期待可以按照指示完成」，但透過

「為什麼？」的反覆思考，就能發現「自尊心強，不喜歡照著別人說的去做」這個新問題，也發現了我們需要採用全然不同的解決方法。

如果只是要解決「委託工作時，無法期待可以按照指示完成」這種問題，那只需要「要求對方徹底執行命令」就好。

但如果朝著「自尊心強，不喜歡照著別人說的去做」的方向思考，那找到「尊重自尊心，同時兼顧工作品質」的方法就成了考量的重點。

利用箭頭來弄清楚前因後果，可以檢視自己的想法是否正確、有沒有產生偏差，思考時，也就不會產生疙瘩，並讓人感覺不自在了。

對常識提出質疑，用筆記來提問

「常識」是什麼？——質疑常識，找到解決方法

當你覺得要有自己的獨創發想是一件困難的事情時，是因為你被常識束縛，讓自己的思考被局限在一定的範圍內。

但輸出的提示，往往藏在常識以外的地方。

例如，KOKUYO的「多方角橡皮擦」就是設計師神原秀夫精心設計的產品，他發現「普通橡皮擦只有八個面，方角很快就磨平了，然後就不容易精準擦拭文字」，於是這款橡皮擦就有

有28個角的多方角橡皮擦

了二十八個方角，這種發想完全超越常識。

但話說回來，想打破常識是很難的，想要質疑常識，就要先了解「什麼是常識」。

為此，首先要考慮對象的特徵與使用方法，接著，再找出與它有直接關聯、順理成章的聯想。

特徵．使用方法↓理所當然

藉由這兩個步驟，很快就能發現我們如何被常識制約。

當然，也不是每個情況都適用，但毫無疑問的，這樣做必能成為我們打破常識的開始。

以筆記本為例，各位會想到什麼呢？

讓我來為大家舉例：

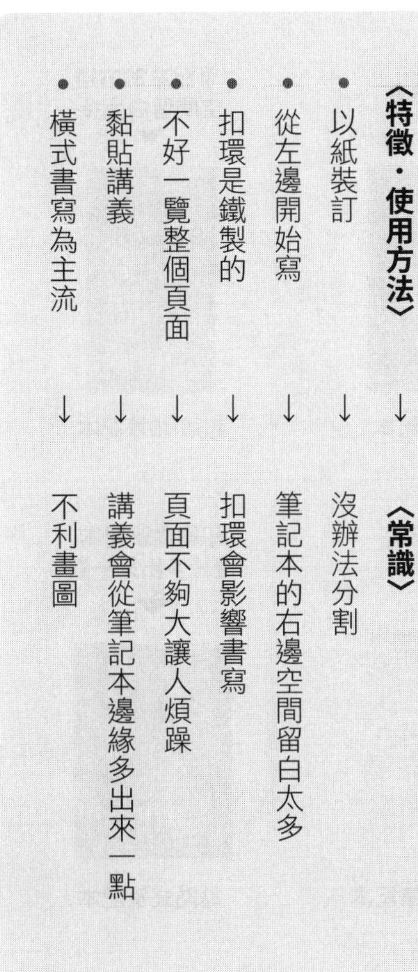

如何？

突然被要求提出關於某件事的基本常識或許很難，但只要先寫出它的特徵與使用方法，再找出什麼東西是理所當然的，就會變得很容易。

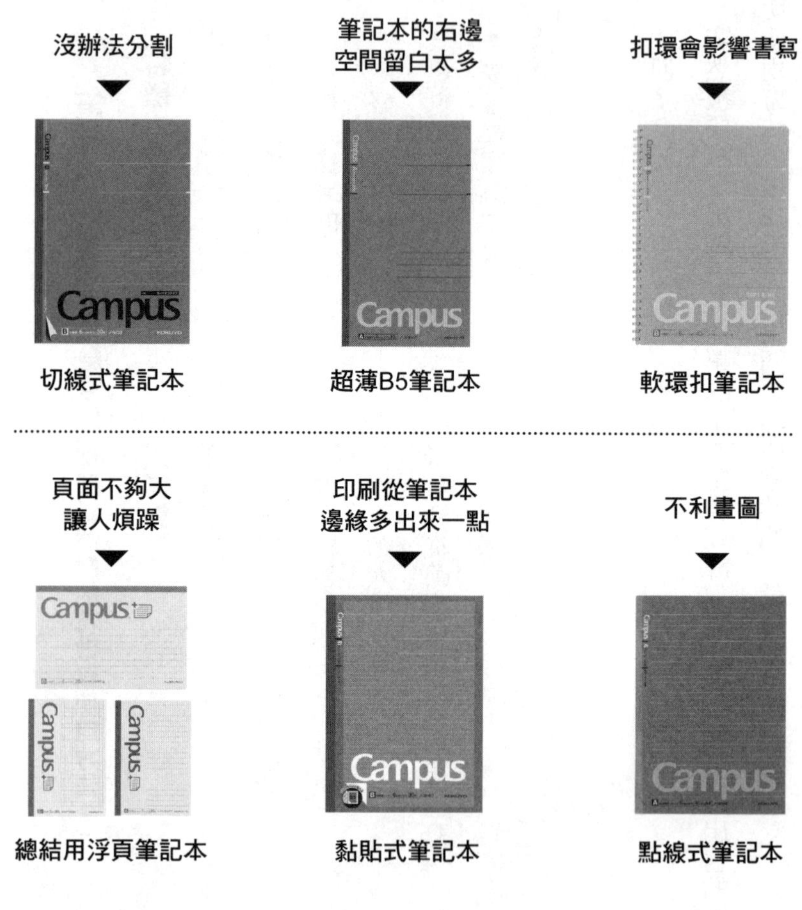
沒辦法分割
切線式筆記本
筆記本的右邊
空間留白太多
超薄B5筆記本
扣環會影響書寫
軟環扣筆記本
頁面不夠大
讓人煩躁
總結用浮頁筆記本
印刷從筆記本
邊緣多出來一點
黏貼式筆記本
不利畫圖
點線式筆記本
Campus
Campus
Campus
Campus
Campus
Campus
Campus
Campus

看著寫好的筆記，有時也常常覺得「嗯，這是當然的。」若你覺得「因為理所當然，所以沒辦法」的話，那就不會再有新的想法出現了。順帶一提，圖片裡用來講解「筆記本的常識為何？」的創意筆記本，KOKUYO全部都有販售。

所以在提出想法之前，先克服「這也沒辦法」的念想，打破關於特徵與使用方式的常識認知，重新認識事物的本質，如此才能看見平常看不見的地方，找到新的問題與靈感。

請大家也試著對思考中的問題自問：「它的基本常識是什麼？」然後把想到的東西寫下來，再提出自己的看法，如果出現讓人不由自主點頭稱「有！」的常識時，就有可能找到隱藏的需求。

辦得到就太強了的「登月計畫法」——思考的最佳狀態是什麼？

你有聽過「登月計畫」這個名詞嗎？甘迺迪總統[47]提出「十年以內登上月球」的宣言，並於一九六九年成功登月，這個名詞後來被引申為揭露野心、昭告天下之意。

接著就來介紹，以這個典故來命名的「登月計畫法」的筆記術。「不知道能不能做到，如果能做到最好。」把這樣的事情寫在筆記上，也是抓住靈光閃現的方法之一。

有時我們可能會覺得，這樣說可能被當成笨蛋，但寫在筆記上就不怕被人看到了，因此就能放心地把這個方法推薦給其他不擅長思考的朋友們，讓他們也學會「登月計畫法」。

這個方法的思考重點是：

「如果讓你**開發一個不存在的科技**，你想開發什麼？」

「如果**有無限的預算**，你會怎麼用？」

「**擁有一千年的時間來思考**，你會怎麼安排？」

「創造一個沒有人需要，**專屬於你的東西**，那會是什麼？」

諸如此類的想法。

因為大多數的人都認為「這不可能！」，於是提出「技術不夠」、「成本太高」、「時間太少」、「要求太高」等等的制約，否定執行的可能。

但像這樣暫時無視現實，嘗試在筆記上寫下希望做到的事情，也可以得到新的靈感。

你聽過KOKUYO在二〇〇九年發售的「無針訂書機」[48]嗎？這是為了幫助食品製造商不要讓異物混入食品之中，所開發出來的重量級商品。

「無針訂書機」目前在市面上理所當然地販售著，但如果是二十年前，對於「什麼是最好的釘書機？」這個問題，你會在筆記裡寫上什麼答案？

47 John F. Kennedy，一九一七～一九六三，第三十五任美國總統。

48 Harinacs（ハリナックス），不需用針裝訂的環保設計，因此命名為「訂」書機。

最好的釘書機是什麼？

- 沒有針也可固定東西
- 不需要補充針
- 固定後不會留下針孔
- 紙很厚也能輕鬆固定

或許你會寫出像右邊那樣的筆記，而前三項功能「無針訂書機」已經實現了。

而在二〇一四年推出的「無針式壓力訂書機」，其原理是透過兩百公斤的壓力來壓接紙張，實現了「沒有針也能固定東西」、「不用補充針」、「固定後不會留下針孔」這幾個目標。

但遺憾的是，「紙很厚也能固定」這一點沒能達成，直到現在，一次最

用壓力固定紙張的無針式壓力訂書機

2009年發售的無針訂書機

多也只能裝訂五張，不到理想中的程度（普通的釘書機一次可裝訂超過三十張以上的紙）。

實際上，無針訂書機的構想在一百年前就有了。美國的製造商常常有三、四張紙裝訂在一起的商品。但紙張很容易破損，因此成為一大難題。當時「無針訂書機」的開發負責人青井宏和、增田和之反覆進行實驗，開發出能夠安全裝訂十張紙的實用產品。

再過五年，「無針式壓力訂書機」的開發者長谷川草推出了

「固定後不會留下針孔」的訂書機。

法國小說家儒勒・凡爾納[49]曾說過：「人類能夠想像出來的東西，人類就一定能實現。」

「思考的最佳狀態是什麼？」首先要先想像出最理想的狀態，接著再從自己的視角來思考「我們能做到哪些事？」請大家要抱持著「跳脫常識，以登上月球為目標！」的想法來進行思考。

用筆記尋找共鳴，觀察現場，找出有共同感受的問題

在「深度訪談」中，聆聽用戶的聲音

為了找到問題的核心，帶著筆記本前往現場也很重要。

一個常見的情況是，在現場確認自己提出的假說時，發現自己所想的完全偏離現實。為了避免這種情況，需要在企劃階段便積極地走訪現場，在筆記寫下產生共鳴的情報。

一般想要掌握現場的狀況，可以透過「問卷調查」、「焦點群體法」[50]

---

49 Jules Verne，一八二八～一九〇五，法國小說家、劇作家、詩人，被稱為「科幻小說之父」，代表作有《海底兩萬里》、《地心歷險記》等。

50 Focus Group Interview，簡稱ＦＧＩ，一種藉由深入訪談延伸至小團體的行銷研究方法。

來實現「深度訪談」，挖掘更深入的問題。

這是種一對一（或一對少）的採訪方式，會事先準備好採訪的目的與問題，但為了不受限於各種前提條件，會以自由發揮的形式讓受訪者發言。

進行團體訪談時，常會出現「不想說出不合群的答案」、「不想說丟臉的事情」的情況，所以也要盡量避免。

還有在進行深度訪談時，可以用「平常是怎麼使用的？」、「為什麼會有這種想法？」這種開放性問題，來對調查主題作引導式提問。

這種做法可以刺激對方注意到平時內心隱藏的想法，進一步接觸用戶真實的價值觀，找到能夠產生共鳴的問題。

接著我將介紹如何透過深度訪談，來發現問題偏差的案例。

這是時任調度事業本部的橫手綾美小姐經手的專案。KOKUYO除了文具以外，還有辦公室家具部門，其經營方式與文具部門也有所不同，這裡不只販售單項家具商品，還會提供辦公室的布局以及裝潢設計建議。

在橫手小姐所屬的團隊中，有人問說「能否找到更簡單的辦公室規劃提案方式？」，於是就出現了這個假設性提問——

「用戶也無法輕易地自行設計，但或許可以設計一款App，為他們作自動化的規劃布局？」

如果所有的規劃布局都要KOKUYO來處理，就會造成極大的負擔，若能透過電腦解決，不僅能提高效率，對顧客來說也更方便。

隨後，團隊參考了各種辦公室的布局模式，討論各項可以自動搭配的組合邏輯，「自動化App」的企劃就這樣順利推進。

當自動化布局的模式與執行方法做到了某種程度的整合，為了讓程式更貼近用戶的使用經驗，平時就習慣實踐行動觀察與深度訪談的橫手小姐，訪問了許多小型辦公室員工與單位負責人。

她實地走訪了辦公室現場，一邊聆聽各種經驗，一邊寫下筆記，但當她向對方提出「自動化App」的想法時：

「我不想把辦公室設計交給別人，我有自己的想法。」

她竟然聽到這句震驚的答覆。

作為提供辦公室環境規劃的ＫＯＫＵＹＯ員工，自然會覺得辦公室設計很麻煩，如果能交給電腦來處理肯定會大受歡迎，但現實與想像卻完全不同。

如果沒有進行現場的深度採訪，絕對找不到這種深入本質、產生共鳴的問題。

之後，企劃的方向就此改變。

團隊將「辦公室布局**自動化App**」的概念，改成了「可以輕鬆**享受規劃辦公室布局的App**」。

於是，「DAYS OFFICE Planning App」就這樣誕生了，即使沒有平面設計的知識，你也能用電腦或平板享受空間規劃的樂趣，自主發想設計。

「這裡想規劃成會議空間」、「想讓色彩變得時尚」，這款程式是從內心這樣的感覺出發，為使用者提供布局與顏色的建議，簡簡單單，就能呈現出辦公室的３Ｄ影像設計圖。

大家或許會覺得，花時間聆聽用戶意見是件很麻煩的事。

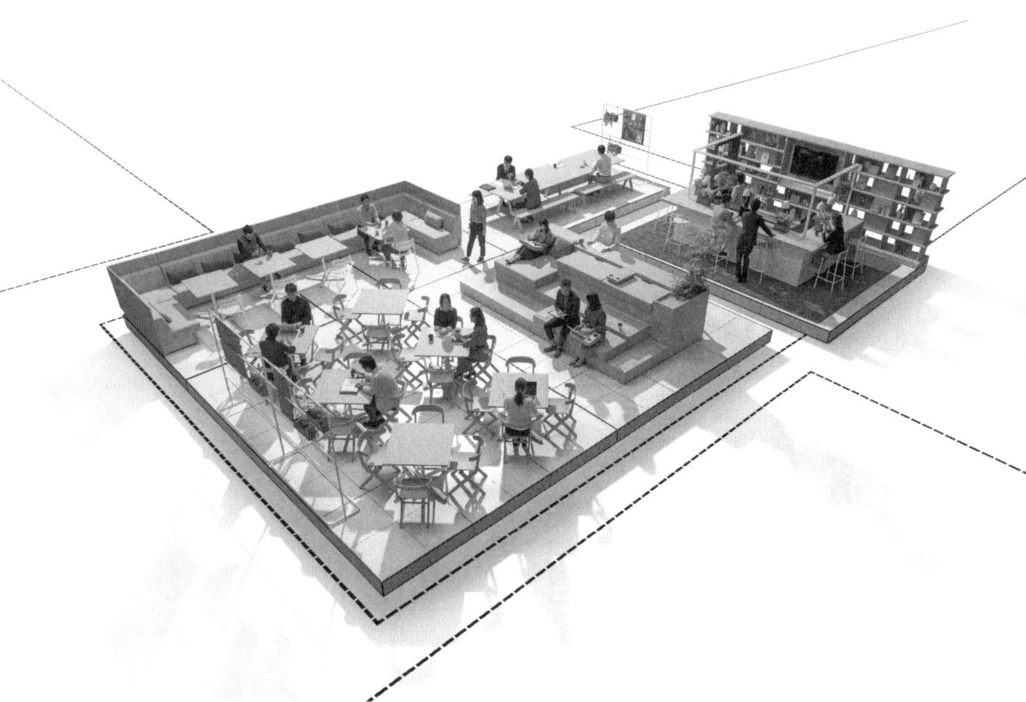

能夠輕鬆享受辦公室設計的程式
DAYS OFFICE Planning App.

但用戶使用介面的專家雅各布．尼爾森[51]曾經說過：「只要採訪大約五個人，就能得到八成以上的情報。」

你可能會懷疑，只有五個人「真的就能找到提供有用意見的人嗎？」當然，只是單純記錄用戶的意見，並不保證一定可以派上用場。

- **觀察用戶反應，確認自己的假設與前提是否正確**
- **聆聽用戶意見與觀察實際行動，並記錄自己的心得**

做筆記時保持這樣的意識，也是非常重要的。

實際進行訪談的時候，可把調查對象這樣分類：

① 有其偏好與堅持，**非常認真使用的深度用戶**
② 沒有特別拘泥之處，**隨意使用的普通用戶**
③ 雖然知道這項商品，但**出於某種原因沒有使用的潛在用戶**

共計以上三種。

能夠得到有趣意見的，通常來自「深度用戶」和「潛在用戶」這極端的兩類。

以五人訪談來說，深度用戶兩名、普通用戶一名、潛在用戶兩名是最平衡的組合。

透過「行動觀察筆記」來找到解決問題的線索

「深度訪談」的筆記，我建議可用「行動觀察筆記」來命名。

在Chapter 3「從非語言的概念中抽出發現」的章節裡曾介紹過，**發現問題與靈感不僅僅靠文字與對話中的語言情報，也能從觀察行動和表情中**

51 Jakob Nielsen，一九五七～，丹麥理工大學人機互動學（human-computer interaction，HCI）博士，曾任職於貝爾通信研究所。

獲取。

因此，在輸出階段找不到思考主題與問題的解決方法時，建議拿著小筆記本從日常生活中尋找提示。

用客觀的眼光觀察實際使用該產品與服務的人，並寫下自己的發現。不過，也不可能立刻就發現「答案就在這裡！」答案不會突然從天上掉下來。請先仔細觀察用戶的行動，好好進行分析與記錄。

以下是過去在研究部門工作時，我從辦公桌的工作模式中獲取的行動觀察心得：

辦公桌的觀察

- 資料通常放在辦公桌深二十公分的地方
- 每十～十五分鐘搭話一次，就能維持集中力
- 桌子太窄，有人在膝蓋上翻閱檔案

- 用手機講電話時，會有搖椅子的習慣
- 思考的人，常常會看天花板？
- 檔案放桌子左邊，右邊用來書寫的人很多
- 鍵盤不放在桌子上的話，打字不會累嗎？
- 桌子中間的抽屜使用率很低

即使沒有什麼特別的發想，也要逼自己寫下「咦？竟然會這樣使用」、「會不會也有人這樣用呢？」等類似的記錄，未來才能與後續的發想提案作連結。

本來只是單純的行為，例如像是拿杯子裝水，但透過仔細觀察，就可以分解為「打開架子」、「拿杯子」、「去廚房」、「左手拿杯子」、「把杯子放在水龍頭下面」、「打開水龍頭」、「看杯子水量」、「關水龍頭」等動作。

當然，我們不必詳細記錄到這種程度。

不過，若能以這樣的精細度來看待使用者的行動，就能有「咦？沒想到竟然會有這種舉動」的奇遇出現。

請仔細觀察用戶的姿勢與表情。

特別注意有沒有不自然的動作，或是看起來不方便的地方。

接著推測為什麼會出現這種狀況。

把這些發現用文字或畫圖的方式（也可以拍照）寫成筆記，並附上自己的心得，就能得到靈感。

KOKUYO的產品中，有一張名為「ing」的椅子，座面可以隨身體擺動，是近來非常受歡迎的產品。

這張椅子的設計發想前所未見，是由調度事業本部的木下洋二郎負責開發的產品。

木下先生觀察了各種椅子的坐法，然後得出了這樣的結論：「久坐不是

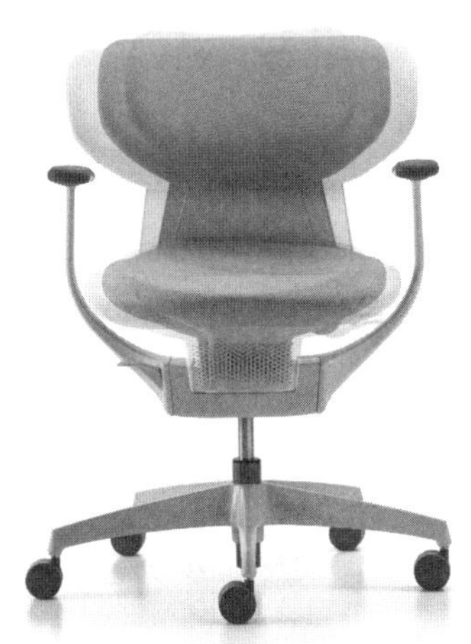

「ing」的座面可以隨身擺動，
身體就能自然地動作。

影響健康的原因，不能動才是問題。」

但如何才能邊坐邊動呢？他一開始也毫無頭緒。

為了找出答案，不只有辦公椅，**任何可以「坐下」的情況，都成了他觀察、記錄、試錯、發想的依據**，以下就為大家介紹木下的發現。

讓身體動起來的椅子

- 坐太久會生病
- 就算坐著也要活動身體

↓

- 能配合狀況做調整的椅子
- 身體能夠跟著椅子搖擺很開心
- 人會自然地想要搖擺
- 心情愉悅時，人會自然地活動身體

- 平衡球該如何運用在設計中？
- 可以不靠彈簧而是重力來保持平衡嗎？

「能像秋千一樣擺動就好了！」「再加上大彈簧如何？」但這些想法都無法用在辦公椅的設計上。

在這種情況下，只能把目標放在平衡球上了，椅墊若能自由調整傾倒的方向，似乎是個不錯的辦法。這就是透過持續的觀察，然後發現了問題，最後得到的靈感。

發想是「情報」與「情報」之間的結合。

自己發現到的問題，多數依靠外界的靈感。

之前曾經提到過「如何將輸入筆記連結到輸出筆記」，只要建立「抽象化」的模式，就能找到可以參考的靈感。

輸入筆記的目的就在於儲存借來的靈感，但不僅限於「抽象化」的模式，行動觀察筆記也能帶來找到問題的提示，拿著筆記深入現場實地調查，同樣也是非常有效的筆記術。

Chapter 5 總結

- 寫下十條想法，再從中挑選三條最在意的部分
- 質疑常識，找到思考的最佳狀態
- 情報不只來自資料與書籍，也可以把現場觀察得到的問題做成筆記

Chapter 6

建立系統性的做法

用「標記&連結法」下筆，創造簡單的結構

把關鍵字寫在紙上，找出語言的強弱

終於，輸出筆記也到了最後一章，讓我們先來思考一下第三要點，「將解決方法系統化」的方法。

前面介紹過這樣的筆記術：先將「現狀」寫下，用自己的視角整理「問題」，再根據這些內容來找出「解決方法」。

有時候，我們即便讀完了企劃書或提案報告，也還是看不懂它的核心價值與中心思想是什麼，讓人感覺「功能東拼西湊，搞不懂究竟想做的是什麼。」

或是在市面上看到類似的商品或服務，卻因為抓不到重點，而讓人一頭霧水。

因此在製作實際的企劃書及提案書之前，必須先簡單、清楚地表現出輸出的價值，細節先不管，因為沒有具體的形象（視覺）就不能抓住人心。**讓對方能夠直觀地理解「原來如此！」才是最重要的事。**

要表現具體的形象，就不要過多的冗言贅字，把「結論」集中在一個點上，「就是這裡，這才是最重要的地方！」這就是所謂的「結論」。

例如，「其他公司沒有老年人喜歡的〇〇功能」或「解決長久以來的〇〇煩惱，是我們的賣點」等等。

這是輸出的核心概念，也是找到解決方法的關鍵所在。

我們必須將「結論」和「理由」結合起來思考。

例如這種情況：

「因為X，所以Y。」

「得出結論A的原因有三，理由包含B、C、D。」

而理由最好是三個左右，但如果多到七、八個就太複雜了。

用少量的關鍵字來制定企劃，聽的人比較容易理解，也能快速吸收。

雖然說了這麼多，但可能有很多人還是會覺得，「好難啊，想說的東西總是太多，最後都不知道該如何開口了。」請不必擔心，本書關於輸出筆記的「結構化解決方法」肯定能為你帶來幫助。

在寫輸出筆記時，不要瞻前顧後，要一鼓作氣地寫下去，一邊考慮如何系統化，一邊連結到企劃上。

接著就來看看具體的做法，系統化的要點有兩個：

- 用關鍵字**增加強弱**（標記）
- 表示關鍵字的**關聯性**（連接）

「標記&連接法」這個名詞看似無趣，卻不影響它的絕佳效果，在此容我為您鄭重介紹。

多數情況下，解決方法的核心價值要透過二～四個關鍵字來呈現，此時若找不到適合的詞彙，就要思考如果產生合適名詞的策略。

首先，請在紙上自由地寫出自己想要輸出的主題，例如它的構成要素、價值、特徵、需求、問題……等等。

與其用條列式書寫，不如用分組的方式，把概念相近的部分寫在一起，慢慢歸納整理（也不必過度區分，把聯想到的詞彙寫在一起即可）。

將腦中的東西全部寫在紙上，當看見筆記上滿滿的情報，內心也會覺得無比痛快，這樣一來，關鍵字全都一覽無遺，想埋頭思考也會比較容易。

第一步，**先把關鍵字區分強弱（標記）**。

然後在紙上斟酌字句，思考這句話是否重要，再把心目中的關鍵字一個一個圈起來。

當看見沒有把握卻很在意的關鍵字時，就特別畫線、加雙圈或是打星號。

標記的方式不必追求明確的定義，交給直覺來判斷就好。

但要注意的是，重要的關鍵字要標得最顯眼，次要的關鍵字標清楚即可，而沒有標記的關鍵字，就算看到了也容易忽略，這樣一來，就能在筆記中區分出關鍵字的強弱了。

用箭頭標示關鍵字的關聯性

「標記＆連結法」的下一步，是「標示關鍵字的關聯性（連結）」，做法很簡單，**在標記的內容中，用箭頭連結重要的關鍵字即可。**

「這是主要的關鍵字，那是次要的關鍵字」、「先有了這個關鍵字，下個關鍵字便隨之而來」或是「因為出現了這個關鍵字，所以也造就了這個關鍵字？」諸如此類的情況。

只要這樣做，就能從想說的話和覺得重要的關鍵字中，掌握想要輸出的內容核心，並**在筆記裡將概念系統化地整理出來**。

為了給人真實的印象，我再以「活用數位筆記工具企劃」為例，來看看「標記＆連結法」到底該如何實踐。

數位筆記工具

• 數位化能實現哪些功能？
• 能運用在哪些場景？

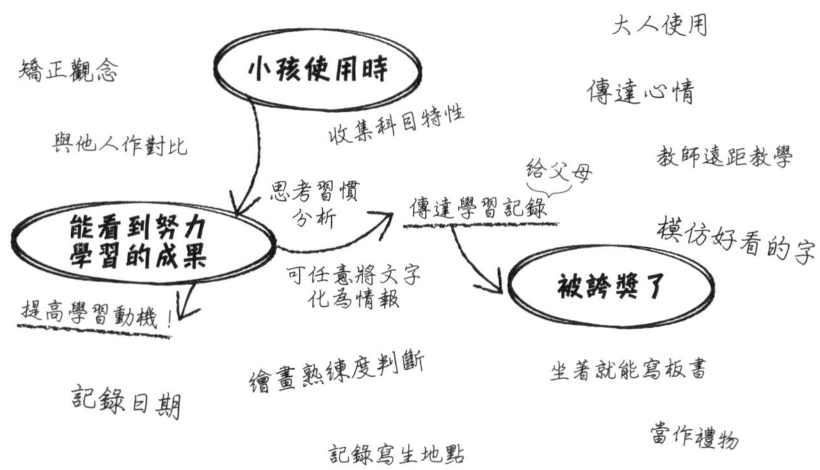

①寫出關鍵字

「數位化能實現哪些功能？」、「能運用在哪些場景？」一邊自問自答，一邊寫筆記（思考的空檔再寫也可以）。

「大人使用時」、「小孩使用時」、「思考習慣分析」、「科目特性收集」、「隨意將文字情報化」等各種面向。

把腦中浮現的內容與聯想到的事情寫在紙上。

②用圓圈圈起來並畫底線

該如何做，得看這個關鍵字的重要程度，再來決定該圈起來還是畫線。

③用箭頭連接關鍵字

用箭頭連接選定的關鍵字，例如「孩子使用時」→「能看到努力學習的成果」→「將紀錄傳達給父母」這樣的組合。

還能進一步思考，寫上「提高動機！」、「被誇獎了！」等具體效果。

到了這一步，你就能清楚自己想用數位筆記工具來做什麼了。

「數位筆記工具能展現學習成果，量化學習內容，不僅能**提高孩子的學習動力**，還能傳達給父母**獲得誇獎**。」

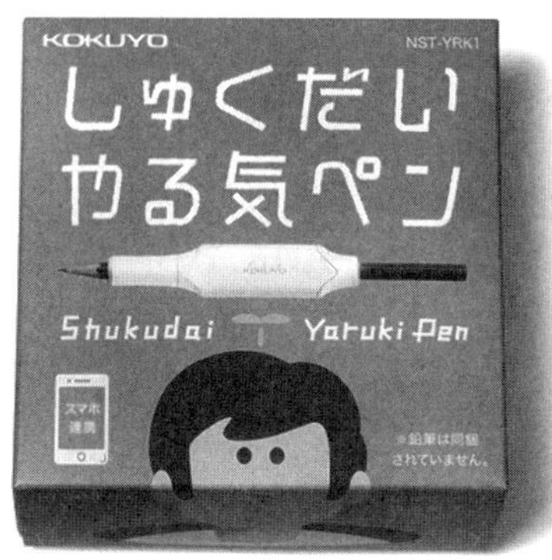

讓人提高幹勁的筆

鉛筆型數位筆記工具，用這個來學習，可在 App 中記錄數據，看見學習成果，讓人提高幹勁。

這樣的系統化概念，就能在筆記上清楚展現。

這種效果在一般的筆記流程中是無法展現的，不過，KOKUYO倒是有一項名為「讓人提高幹勁的筆」的熱門商品。

開發這項商品的中井信彥先生說，他將各種情報寫成筆記，再將不同的核心概念排列組合，反覆進行測試，才能成就這項企劃。

「標記&連結法」也能用在自己的職涯規劃

「標記&連結法」可以在各種需要思考的場合使用：

- **思考活動企劃時**
- **思考經營戰略時**
- **思考書名時**

除了直接性的工作外，也可以用在：

- **考慮婚後的住所時**
- **規劃自己的職業生涯時**

等等情況。

將腦中無數的關鍵字排出優先順序，再做連結，這就是系統化的核心本質。

例如，對於自己的職業生涯感到煩惱的時候，即使心裡想著「應該提高哪些技能？」、「應該跳槽還是留在目前的職場？」也很難得到答案。

這種時候，首先要用「提問」的方式寫下應該考慮的要件，例如：

「能在工作中活用的**個人強項**、平時**感興趣的主題**、**重視的價值觀**是什麼？」

「在未來的工作與經歷中，**想作什麼選擇？想嘗試什麼？**」

把這些想到的事情依序寫成筆記。

就算發現「這個好像沒什麼不同？」也沒關係，先寫出來，清空你的腦袋，然後心想「筆記裡存在所有可能性」，再開始以下動作：

- 選擇關鍵字區分強弱（標記）
- 標示關鍵字的關聯性（連結）

那麼，試著來規劃一下自己的職業生涯規劃吧！

如圖所示：

- **寫下關鍵字並標記**
- **考慮彼此關聯性，用箭頭連結**

根據自己對職涯的想法與優先順序進行整理。

關於今後的職涯規劃

- 自己的強項、興趣、價值觀是？
- 考慮的選項與想做的事情是？

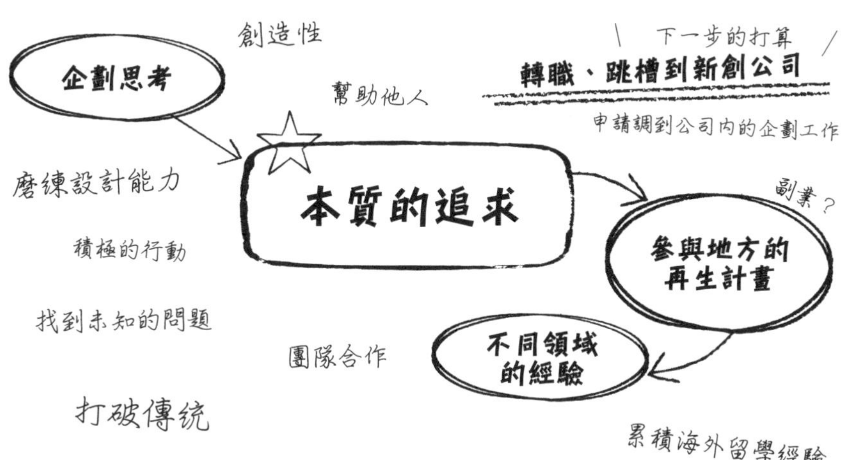

在寫筆記的過程中，將產生想法的過程寫出來，大概是這種感覺：

發現自己的強項是「企劃思考」

↓

想把這份才能運用在「追求事物的本質」中

（這是不能錯過的重點！）

↓

可是沒有「跳槽到新創公司」的勇氣

↓

之前曾在網路上看過一個「地方再生計畫」，

參與這種地方活動應可累積經驗？

↓

我不僅想在同一間公司累積資歷，

也想藉由「不同領域的工作經驗」來測試自己的能力是否足夠。

就像這樣，你可以透過筆記來總結自我的思考。

將景象「視覺化」的筆記

「三位一體法」——找出屬於你的三個關鍵字

有個說法是，找出三個關鍵字就能讓事情順利進行，實務上我們會把三個關鍵字排列成三角形的形狀，再用圓圈圈起來，就能產生思考的氛圍。

但這三個關鍵字該如何挑選，就是問題的所在。

想活用這個做法，**就從學習「三位一體法」開始。**

這是我從KOKUYO任職藝術指導的安永哲郎先生身上，學習到的輸出筆記的技術，之後也對我產生了莫大幫助。

接著來說具體做法，先選三個關鍵字，這三個字不能模稜兩可。

- 從**「主體」（主要部分）**找一個關鍵字
- 從貼近主體的**「從屬」（輔助）**找一個關鍵字

- 表達自我想法的**「自我風格」**找一個關鍵字

以這樣的方式進行挑選。

在挑選備選的關鍵字時，在筆記本上亂寫也沒關係。

但總結的時候要意識到「主要」、「從屬」與「自我風格」的區別，這樣才能讓概念保持平衡。

例如，我在決定研討會的公開演講主題時，是這樣思考的：

- 簡潔有力的說話方式（主要）
- 進行大量的演講練習**（從屬）**
- 以促銷、文宣部門經理的身分做出發點**（自我風格）**

用這樣的形式來保持「三位一體」的平衡，決定要傳達的訊息。

這也能套用在本書上：

- 通過筆記術來提高思考能力**（主要）**
- 對人生的選擇及職涯規劃產生幫助**（從屬）**
- 分享KOKUYO的經驗、實例**（自我風格）**

可以用這樣的方式來保持平衡。

安永先生是從中澤新一的著作《三位一體模型》[52]中學到這個方法，基督教有「父」、「子」、「聖靈」這三個不同視角的思考方式，「以經濟、宗教、藝術為首，思考現代的各種問題時，是非常有效的模式」，本書也運用「父」（主要）、「子」（從屬）、「聖靈」（自我風格）的概念來進行說明。

希望大家也能活用三個關鍵字來進行視角的切換。

「困境視覺法」——將困境及需求視覺化

從事物的問題來看，經常會出現「顧此失彼」的情況，也就是俗稱的陷入困境。現在就來介紹能夠打破困境、找到問題癥結的「困境視覺法」。

方法非常簡單，先把處於對立的問題寫出來，再來瀏覽與思考，這樣做的話，就**不會被大腦中紛亂的想法占用記憶體，可以集中精力思考**。

以ＫＯＫＵＹＯ的文具部門為例，這是文具事業部的清水陽芳、井川英志、得津圓香所分享的經驗，我借用這個案例來進行解說。常見的鉛筆盒是長方形的，採用布料或聚酯製的柔軟材質，並附有拉鍊的形式。

這種款式很適合放在背包裡，但缺點是筆盒裡的筆很難找，這就是衝突點，你可以先把這個要點寫在筆記的左上部。

把鉛筆盒的優先需求寫在左邊，次要需求往右邊寫，像這樣把形成困境的問題視覺化之後，就方便我們思考，有無兼顧兩者的做法與開發新商品的方向。

ＫＯＫＵＹＯ有項產品叫做「立式鉛筆盒」，可以兼顧兩者需求，打開鉛筆盒的拉鍊，將它翻開，就可以像筆架一樣站起來，輕鬆找到想要的筆。

52　『三位一体モデル TRINITY』，東京糸井重里事務所，二〇〇六。

◆ 鉛筆盒的需求

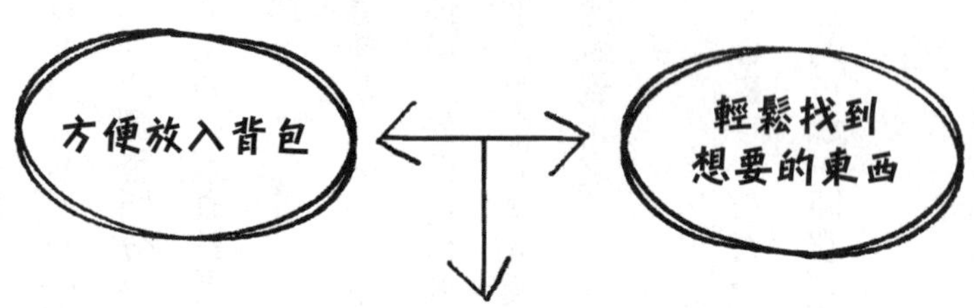

好拿、好放的形狀是？

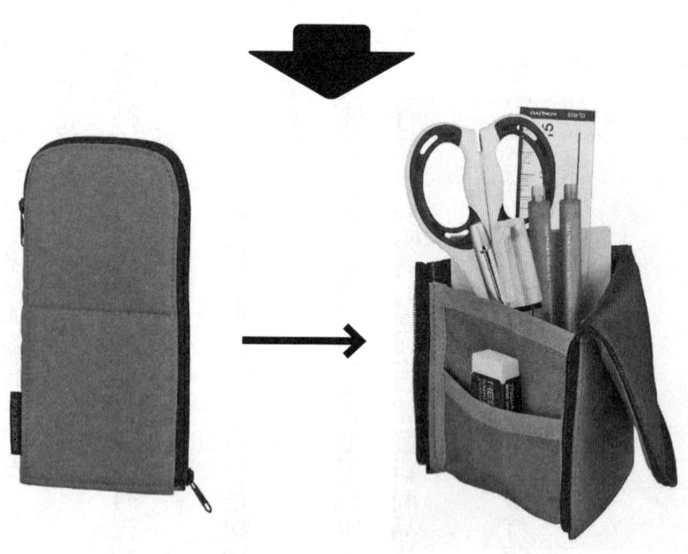

像筆架一樣的立式鉛筆盒

除此之外，還有一種叫做「膠帶剪切器」的膠帶切割器，通常膠帶會有很多卷，但切割器只有一臺，要一直更換很麻煩，讓人不想使用。但用剪刀剪也很不方便，手撕的話形狀又會很醜，這個產品就是為了解決這個問題而生。

只要將困境與需求視覺化，答案就顯而易見：

我不想一直更換切割機的膠帶

⇔

想要切割膠帶

「能夠輕鬆安裝的膠帶切割器形狀是什麼？」這樣的發想概念就很清楚了。

類似的例子還有很受小學生歡迎的「鋒銳系列鉛筆」。

膠帶剪切器

鋒銳系列鉛筆（校園少年鉛筆）

這項商品解決了「想使用鉛筆，但筆芯很容易折斷、不好用」的問題，小孩子們都很喜歡。

當中的困境就跟你想的一樣：

鉛筆筆芯太容易折斷

⇔

不想要削鉛筆

而答案就是：「不會折斷、不需要削鉛筆的好用鉛筆是？」

這樣的靈感就出現了。

不要在心中煩惱困境，請把衝突與對立的問題寫出來，再去尋找兼顧兩者的方法，而新的概念都是這樣產生的。

快速轉化成傳達給大腦的訊息

要如何帶給別人幸福——想出一個令人振奮的故事

終於來到輸出筆記的最後一項技術了，本章將講解：如何將系統性的解決方法傳達給對方。好不容易想到一個實用的概念，但對方如果不接受的話，也沒辦法產生幫助。

所以在思考輸出時，請注意，重點並不是「這個企劃在**邏輯上是否成立？**」

關鍵應該是：

「這個企劃**能夠帶給誰幸福？**」

這件事。

人類並非依靠道理，而是根據感情行動的，思考的企劃能否打動人心，成為感人的故事，就是能否成功的重要關鍵。

在思考打動人心的企劃時，請先在筆記本寫上「想讓誰幸福？」、「他們的壓力是什麼？」、「他們的行動有哪些變化？」等要點。

也就是說在企劃階段，「你能想像用戶幸福的樣子嗎？」是打動人心的必要前提。

接下來，就讓我們看看在解決用戶問題的背後，有著哪些動人的故事吧。流程為以下四個步驟：

- **現狀**：用戶的困境
- **問題**：造成困境的原因
- **解決方法**：打破現狀的突破口
- **目標**：讓用戶幸福

之前的筆記術都只探討「現狀」、「問題」、「解決方法」這三個部分，在最後一個章節，我又再加上「目標」這個讓輸出變得有價值的要素。只要將「現狀」、「問題」、「解決方法」、「目標」這四個要素串聯起來，就能形成一個故事。

當用戶陷入苦惱、疲憊、沮喪等情緒時，是我們所不樂見的情況，為了打破現狀，就要先找出原因。「原來是這個原因！」前半段的重頭戲，就是找出這個問題的原因。

接著是解決的方法，因為困難的問題往往都不容易解決，因此我們需要一個戲劇性的發展，找出意外的靈感，如此才能為對方帶來希望，看見光明的未來。

在完成這個目標之後，用戶就能擺脫困境，成為快樂幸福的狀態。

請試著依照這樣的步驟，將這個透過企劃流程來解決問題的故事寫成筆記。

前面介紹過「讓人提起幹勁的筆」的開發者中井信彥先生，他曾跟孩子的父母一起討論如何運用數位記錄工具，才能幫助家長管理小孩的作業，但這個產品如果一點都不吸引人，那討論再多也沒用。

因此，透過想像「用戶幸福的樣子」，就能轉換出以下情景的筆記：

這個數位記錄工具能讓誰幸福？

現狀

- 對小孩叨叨念念，監督作業的家庭，親子都很疲憊
- 父母「明明不想每天都碎碎念作業的事情」

問題

- 工作太累，回到家心情煩躁
- 父母不在的時候，小孩子貪玩，耽誤了作業

解決方法

- 用數位記錄工具，提高寫作業的興趣
- 父母看見孩子的努力，表揚孩子的表現

目標

- 透過表揚的良性循環，讓親子交流變得順利
- 不是幫助父母監督孩子，而是讓雙方共同努力，在過程中嶄露笑容的產品

實際上的故事是一段有點曲折的奮鬥過程，但是我想呈現的故事，是一個明確通往幸福的企劃。

在順利取得公司內部的協助後，將這個前所未見的ＫＯＫＵＹＯ商品

命名為「讓人提起幹勁的筆」，然後鄭重推出。

這個商品在各大媒體上被廣為報導，尤其在亞馬遜的顧客感想中，獲得了「不寫作業的孩子改變了！」、「真的能提高幹勁」的高度評價。

中井先生說：「最辛苦的是配合公司進行測試的用戶們，他們度過了一段艱辛的過程。但最重要的是，這項商品成就了一個帶給人們幸福的故事。」

大家在構思企劃的故事時，請試著寫下想要讓誰幸福、要如何讓他們幸福，這樣才能確認自己能否確實達成目標。

掌握核心關鍵，命名的筆記術——傳遞價值的一條訊息

我試著詢問中井先生成功的關鍵是什麼，他認為，「讓人提起幹勁的筆」這個名字功不可沒。在還沒決定商品的名稱時，他先將數位記錄工具的

模型（還無法實際使用的模型筆）交給測試者的孩子們時說：

「這是讓人提起幹勁做作業的筆哦！」

成功引起了孩子們的興趣，中井先生看到了**孩子們對這個名字產生的反應，就確定這個企劃能夠成功**。

「試著用一句話，來傳達企劃的價值。」

請把這個想法放在心裡，時刻掛念，這樣就能產生許多可以寫下來的靈感。

這樣的「一句話」，連我也不知道何時才能想得出來，但這卻是傳達企劃意圖的重要概念。

我在辦公室家具部門擔任促銷經理時，曾為促銷用的小冊子該如何命名煞費苦心，但想了半天，還是想不出適合的名字。

後來在一個小型的企劃會議上，成員淺賀直樹靈光一閃：

「辦公室的力量如何？」

讓大家一致覺得「就是這個！」當場全員通過。

ＫＯＫＵＹＯ在進行辦公室的環境提案時，都會主張「要創造符合工作方式的辦公環境，才能讓員工們發揮實力」。「辦公室的力量」的確是個非常符合我們公司精神的名字。

有時會想要耍帥，而將「創新」、「永續發展」等名詞寫成片假名，但如果沒有把握好分寸，就無法將企劃的概念傳達給客戶。

用樸實的名字來讓人產生印象，也是ＫＯＫＵＹＯ的特色。

「商品、服務種類」＋「追求的價值、差異性要素」

這樣的排列組合就十分簡潔有力。

ＫＯＫＵＹＯ的商品大多具有這種感覺。

「無針訂書機」

「軟環筆記本」

「多方角橡皮擦」

你也可以將商品想要表達的訴求與價值，以及為了什麼目的製作的企劃等內容寫在筆記上，再來思考命名的方法。

但話雖如此，命名還是需要一點品味，想要提升命名的能力，還是要把符合多數人審美觀的名字筆記下來。

在能力所及的範圍內，最好也調查一下名字的典故，如此一來，命名時就能掌握訣竅，拿捏平衡。

小林製藥的「退熱貼」、「喉嚨痛噴劑」與池湖屋的「卡拉姆喬」、格力高的「折角布丁」，都是成功展現商品價值的命名方式。

雖然不夠直觀，但「亞馬遜」的命名由來是「像世界上最大的河流一樣，成為世界上最大的通路」、「YouTube」是「你的電視」（Tube＝TV）、「三得利」的「伊右衛門」則是京都老字號茶館「福壽園」創始人的名字，像這樣兼顧特色與名字發音來命名的情況也不少。

當你聽到能夠留在腦海裡、並能直接聯想到傳遞訊息的名字時，請馬上寫進筆記裡。

Chapter 6 總結

- 圍繞關鍵字，用箭頭做系統化歸納
- 寫出對立的困境，找到兼顧的方法
- 用筆記將故事與命名瞬間傳達給對方

後記：享受筆記、享受思考

讓筆記成為你成長歷程的陪伴者

本書的所有內容，都圍繞著如何深化思考，達成「吸收情報」與「展現成果」的目標來寫的。本書汲取了大量KOKUYO員工以及工作夥伴的心得與實踐方法，只要按照我的方式整理，就能在短時間內掌握核心要領。

現實之中，一百個人寫的筆記，就會有一百種形式存在，但我認為，最重要的是如何找出最貼近自己思考迴路的方法。

另一方面，有時也難免會產生與別人一樣的想法。

儘管如此，養成寫筆記的習慣，邊寫邊進行思考仍然是一件樂趣無窮的事情。

當然，就算是我，也會有成果不如預期而陷入苦惱的時候。但是為了做出與眾不同、只屬於自己的成果，就要多多嘗試、反覆試錯，不斷讀書或向周遭人士學習，如此才能逐漸成長。

創造力與原創性無法依靠個人的經驗產生，唯有將生活中學習到的知識融會貫通，透過觀察他人成功與失敗的經驗，才能建立起成功的學習模式。

德國的奧托．馮．俾斯麥[53]曾說過：「愚者從經驗中學習，賢者從歷史中學習。」歷史可說是他人經驗的積累，這份他人的經驗會透過文章流傳後世，讓現代人參考，但如果我們不用筆記將這樣的經驗記錄下去，就會逐漸被遺忘。

53 Otto von Bismarck，一八七一～一八九〇，德國十九世紀中後期的政治家、軍事家與外交家，有「鐵血宰相」之稱。

每天寫下三項他人的經驗，

一年就會產生一千條筆記，

十年就能經歷一萬多次的模擬體驗。

如此一來，每天面對需要解決的問題時，就會有大量的筆記內容可以當作參考，筆記可以代替當時的經驗傳承者，為我們提供建議，伴我們前進。

不單只有他人的經驗，也不要忘記把自己的經驗寫成筆記，讓現在的你為將來的你提供建議。

最近開始寫Lifelog（生活日誌）的人越來越多了，KOKUYO也有提供專用的筆記本與記事本，生活日誌不只是用來記錄一天發生的事情，也能幫助你整理心得，將成功與失敗的經驗重新活化，化為前進的動力。

哪怕是在這個瞬間所寫下的一句話，也有可能成為未來幫助自己的一個提示，只要孜孜不倦地寫下筆記，就能不斷成長，遲早會在將來的某一天贏得成功的果實。

這本書單靠我一個人的力量是無法完成的，多虧了在百忙之中，仍然提供我幫助的KOKUYO員工們，你們是我最可靠的朋友。在此感謝青井宏和、淺賀直樹、井川英志、大村憐、陰山孔貴、川人慎右、川部紀子、木下洋二郎、柴田順子、清水陽芳、志村武、高橋由衣、武市陽子、竹本佳嗣、得津麻、中井信彥、松岡紀子、長谷川草、姬野秀喜、增田和之、三上由貴、本村香代子、安永哲郎、山田智惠、山田美樹、橫手綾美、吉村茉莉、米倉邦征等諸多夥伴的協助，有你們提供的智慧，才能成就此書，再次鄭重表達我的謝意。

本書歷經四年以上的企劃，由鑽石出版社的市川有人主編、宮崎桃子協助校稿與提出建議，我發自內心感謝兩位。

國家圖書館出版品預行編目資料

萬能筆記法：日本NO.1筆記本公司KOKUYO最強「動手思考術」！／下地寛也著；林函鼎譯 --初版.--臺北市：平安文化, 2023.11 面；公分. --(平安叢書；第776種)(邁向成功；92)
譯自：考える人のメモの技術 手を動かして答えを出す「万能の問題解決術」
ISBN 978-626-7397-01-5 (平裝)

1.CST: 筆記法 2.CST: 思考

019.2 112017321

平安叢書第0776種
邁向成功叢書 92

萬能筆記法

日本NO.1筆記本公司 KOKUYO最強「動手思考術」！

考える人のメモの技術 手を動かして答えを出す「万能の問題解決術」

作 者—下地寛也
譯 者—林函鼎
發 行 人—平 雲
出版發行—平安文化有限公司
台北市敦化北路120巷50號
電話◎02-27168888
郵撥帳號◎18420815號
皇冠出版社(香港)有限公司
香港銅鑼灣道180號百樂商業中心
19字樓1903室
電話◎2529-1778 傳真◎2527-0904
總 編 輯—許婷婷
執行主編—平 靜
責任編輯—蔡維鋼
行銷企劃—鄭雅方
美術設計—兒日設計、黃鳳君
著作完成日期—2022年
初版一刷日期—2023年11月

法律顧問—王惠光律師

讀者服務傳真專線◎02-27150507
電腦編號◎368092
ISBN◎978-626-7397-01-5
Printed in Taiwan
本書定價◎新台幣380元/港幣127元